Centre Georges Pompidou Paris

Centre
Pompidou

Prestel

Munich · Berlin · Londres · New York

Centre national d'art et de culture Georges Pompidou

Jean-Jacques Aillagon *Président*
Bruno Maquart *Directeur général*
Alfred Pacquement *Directeur du Musée national d'art moderne-Centre de création industrielle*
Dominique Païni *Directeur du Département du développement culturel*
Gérald Grunberg *Directeur de la Bibliothèque publique d'information*
Bernard Stiegler *Directeur de l'Institut de recherche et de coordination acoustique/musique*
Jean-Pierre Marcie-Rivière *Président de l'Association pour le développement du Centre Pompidou*
François Trèves *Président de la Société des Amis du Musée national d'art moderne*

Ce guide a été conçu par la Direction des Éditions du Centre Pompidou, Paris

Emmanuel Fessy *Directeur*
Philippe Bidaine *Directeur adjoint*
Françoise Bertaux *Chef de projet*
Benoît Collier *Responsable commercial*
Mathias Battestini, Claudine Guillon *Gestion des droits et des contrats*

Jean Poderos *Auteur*
Françoise Savatier *Relecture d'épreuves*

La Direction des Éditions remercie tous ceux qui ont prêté leur aimable concours à la réalisation de cet ouvrage.

Au Mnam-CCI
Conservation Isabelle Monod-Fontaine, Jean-Paul Ameline, Agnès de La Beaumelle, Jean-Michel Bouhours, Sophie Duplaix, Alison Gingeras, Frédéric Migayrou, Nadine Pouillon, Alain Sayag, Jonas Storsve, Christine Van Assche
Avec l'assistance de Monica Baillon, Lucia Daniel, Danièle Janton, Patrick Palaquer, Étienne Sandrin, Sylvie Chabot
Documentation de la collection Didier Schulmann, Évelyne Pomey, Malika Noui
Documentation du Musée : Agnès de Bretagne, Christine Sorin, Brigitte Vincens

À la BPI Colette Timsit
À l'Ircam Sophie Manceau de Lafitte
À la DAEP Josée Chapelle, Marie-Jo Nguyen-Poisson
Au DDC François Nemer
Au service audiovisuel Guy Carrard

Édition française
ISBN Prestel Verlag : 3-7913-2751-8
ISBN Centre Pompidou : 2-84426-136-1
Numéro d'éditeur : 1181
Dépôt légal : avril 2002

Printed in Germany

Typographie et maquette: Heinz Ross, Munich
Reprogravure: Reproline GmbH, Munich
Impression et reliure: Passavia GmbH, Passau

Sommaire

Avant-propos

Depuis son ouverture en 1977, le Centre national d'art et de culture Georges Pompidou répond à l'ambition de réunir en un même lieu les différentes formes et pratiques de la culture et de la création contemporaines : arts plastiques avec les collections du prestigieux Musée national d'art moderne/ Centre de création industrielle, et une importante programmation d'expositions temporaires ; livre, presse et nouvelles technologies, à travers la Bibliothèque publique d'information ; musique, à travers les travaux et les manifestations de l'Institut de recherche et de coordination acoustique/musique ; mais aussi, cinéma, théâtre, danse, et formes nouvelles du spectacle vivant, qui y trouvent un accueil privilégié.

Croisant toutes ces disciplines, les confrontant à l'actualité, le Centre est aussi un lieu permanent de débat et d'échange intellectuel.

C'est dans la force et l'originalité toujours vivantes de ce projet qu'il trouve la source de son succès. Recevant chaque année plus de six millions de visiteurs, il est, avec le musée du Louvre, l'institution culturelle la plus visitée de France, et sans doute l'une des plus fréquentées en Europe et dans le monde.

À ce public venu de tous les horizons, il se devait de proposer, en des langues parlées sur tous les continents, une publication présentant la richesse de ses collections, ainsi que la diversité de ses activités, et permettant de s'orienter facilement et rapidement à travers les sept niveaux et les quelque 90 000 m² du bâtiment conçu par les architectes Renzo Piano et Richard Rogers.

Tel est l'objet du présent guide, disponible en français, en anglais, en italien, en allemand, en espagnol et en japonais, et dont la première édition coïncide avec le 25ᵉ anniversaire d'un Centre Georges Pompidou profondément rénové et réaménagé. À son lecteur, il fournira non seulement la clef d'une visite agréablement préparée, pleinement réussie, véritablement appréciée, mais aussi une introduction rigoureuse à l'art du XXᵉ siècle et à la création contemporaine, grâce au parcours des collections du Musée national d'art moderne qu'il propose, à travers une sélection de 150 chefs-d'œuvre.

Il trouvera ainsi sa place aussi bien dans votre sac de voyage que dans votre bibliothèque. À présent, il ne vous reste plus qu'à l'ouvrir et vous laisser guider par lui. Bienvenue au Centre Georges Pompidou !

JEAN-JACQUES AILLAGON
Président du Centre Pompidou

Le Centre Pompidou, Centre national d'art et de culture
L'art et la culture pour tous

✛ Entrée par la place Georges-Pompidou, 75004 Paris, à 100 m du boulevard Sébastopol.

Le Centre Pompidou a déjà une longue histoire. Entamée il y a plus de trente ans lorsque, en 1969, le président de la République, Georges Pompidou, rêve « que Paris possède un centre culturel qui soit à la fois un musée et un centre de création, où les arts plastiques voisineraient avec la musique, le cinéma, les livres, la recherche audiovisuelle ». Un lieu populaire où chacun accèderait aussi librement que possible à toute la culture et à toutes les formes d'art.

Le bâtiment

Le projet était ambitieux, il portait en lui l'esprit de Babel. Le bâtiment

La passerelle du sixième étage

qui allait s'élever dans le cœur historique de la capitale devrait répondre aux exigences de pluridisciplinarité, de libre circulation et d'ouverture la plus ample possible des espaces d'exposition. Parmi les 681 projets qu'étudia le jury du concours international lancé à cette occasion, c'est celui de deux jeunes architectes, l'Italien Renzo Piano et le Britannique Richard Rogers qui, le 15 juillet 1971, l'emporta. Un projet récompensé notamment pour son adéquation avec les objectifs de pluridisciplinarité du Centre, la qualité de son insertion dans le quartier, le regroupement de ses activités dans un même volume et sa souplesse d'utilisation.

L'utopie donna naissance à une révolution architecturale. Influencés par le groupe Archigram, promoteurs dans les années 1960 d'une architecture libertaire et très inventive mais jamais bâtie, Piano et Rogers produisent une machine à créer dont les particularités architecturales sont l'emblème de cette nouveauté. La structure portante et les circulations, comme l'immense chenille des escalators, sont rejetées à l'extérieur, laissant toute la place aux espaces d'activités. Ceux-ci, organisés en de larges plateaux de 7 500 m², sont entièrement modifiables selon les besoins et les évolutions du Centre. La transparence de la façade principale permet d'en observer la vie depuis la vaste esplanade que les deux architectes ont pris le parti d'aménager devant la façade ouest, le bâtiment n'occupant finalement qu'un seul des deux hectares acquis par l'État sur le plateau Beaubourg. Seule exception, l'Ircam, Institut de recherche et de coordination acoustique/musique, est installé, pour des raisons techniques, sous la future fontaine de Jean Tinguely et Niki de Saint-Phalle, place Igor-Stravinsky.

Un antimomument

Paquebot, ville dans la ville, machine tubulaire ou usine à gaz, le Centre Pompidou reçut tous les éloges et fut l'objet de toutes les railleries. Même si, figure de la modernité, il dérange encore, il est avant tout reconnu aujourd'hui comme un des monuments symboles de Paris. Et c'est sans doute dans cette apparente contradiction que le Centre fait figure de modèle : lieu de conservation et de création, il fut conçu par ses architectes

Le Centre en chiffres

- 31 janvier 1977, inauguration du Centre Pompidou.
- Surface du bâtiment, environ 90 000 m².
- Volume de 430 000 m³.
- 8 étages dont 5 en superstructure.
- 166 m de longueur, 42 m de hauteur, 60 m de largeur.
- Des poutres de 45 m de longueur et de 3 m de hauteur forment le squelette du bâtiment.
- Les étages s'élèvent à 7 m de hauteur sous plafond, avec, tous les 12 m, une poutre située à 4 m au-dessus du plancher.
- Les espaces intérieurs sont de vastes plateaux de 7500 m².
- 1ᵉʳ janvier 2000, réouverture du Centre après 27 mois de travaux et une fermeture quasi totale du Centre.
- 70 000 m² ont été rénovés, 8000 m² d'espaces supplémentaires ont pu être dégagés grâce au déménagement des bureaux à l'extérieur du bâtiment.

Les couleurs du Centre

Sur la façade est, côté rue du Renard, les gaines techniques sont habillées de différentes couleurs qui en indiquent la fonction :
- le bleu pour les conduits d'air,
- le vert pour les canalisations de fluides,
- le jaune pour les gaines électriques,
- le rouge pour les circulations (ascenseurs…).

Les architectes de la rénovation

« Un bâtiment qui ne serait pas un monument mais une fête, un grand jouet urbain. »

Renzo Piano, architecte

Renzo Piano, un des deux bâtisseurs du Centre, et Jean-François Bodin, architecte déjà connu pour son intervention dans de nombreux musées français, ont été choisis pour conduire le réaménagement. Dominique Jakob et Brendan MacFarlane ont conçu le nouveau restaurant du 6ᵉ étage et sa spectaculaire architecture intérieure en coques de métal.

La gerberette

À chaque niveau de la charpente, d'énormes vertèbres d'acier semblent tout droit sorties de la charpenterie de marine, renforçant l'idée que le Centre est un navire.

Nommés « gerberettes » (du nom de leur inventeur, Gerber), ces éléments, montés sur un axe, sont tendus en leur bout par des tirants ancrés dans le sol, l'autre extrémité étant le support sur lequel s'encastre la poutre. Les poteaux verticaux reçoivent une circulation d'eau qui, en cas d'incendie, vient arroser automatiquement les éléments de suspension.

Vue de la
terrasse Ouest
du sixième étage.
Au premier plan,
Max Ernst,
La Grande
Tortue et
La Grande
Grenouille,
1967-1994

Vue de
la façade Est

L'escalator
extérieur

Chantier de la construction du Centre, 1974

Un élément de la charpente métallique

Vue du chantier de rénovation, plateau, 1999

Pour en savoir plus...

▪ *Centre Pompidou, l'esprit du lieu*, par Philippe Bidaine, coll. L'esprit du lieu, coéd. Centre Pompidou/Scala, 2001, 5,34 euros.
Architecture du Centre Pompidou et histoire de son implantation dans l'un des plus vieux quartiers de Paris.

▪ *Le Centre Georges Pompidou, Piano – Rogers*, sous la direction d'Élizabeth Amzallag-Augé et Sophie Curtil, coll. L'art en jeu, éd. Centre Pompidou, 1996, français et anglais, 12,20 euros et japonais, 12,96 euros.
Pour les enfants, une découverte ludique du Centre.

▪ *Le Centre Georges Pompidou*, film réalisé par Richard Copans, coprod. Centre Pompidou/Les Films d'ici/La Sept-Arte, 2000, 15,09 euros.
S'appuyant sur la reconstitution de la maquette, ce film analyse les étapes de la construction du Centre Pompidou.

▪ *Métro Rambuteau*, par Marc Petitjean, coéd. Centre Pompidou/Hazan, 1997, 14,48 euros.
L'histoire en photos de la transformation radicale du quartier de l'Horloge et de la construction du Centre Pompidou.

▪ *Renzo Piano, architecte au long cours*, film réalisé par Marc Petitjean, coprod. Centre Pompidou/Mirage illimité/Grand Canal, 2000, 21,19 euros.
Un portrait de Renzo Piano à travers quatre chantiers majeurs.

▪ *Georges Pompidou, homme de culture*, sous la direction de Philippe Tétart, 1995, 21,34 euros.
Actes du colloque « Georges Pompidou, homme de culture ».

comme un antimonument, une machine du désordre, non aboutie et en perpétuelle mutation, et pourtant un bâtiment qui – Georges Pompidou le rappela à Piano et Rogers – durerait quatre ou cinq siècles.

Le succès

Le Centre connut très vite un succès imprévu. Au lieu de 5 000 visiteurs par jour, la moyenne s'éleva rapidement à 23 000, soit plus de sept millions d'entrées par an. Il devint le monument le plus fréquenté de Paris, surclassant même Notre-Dame… Ce triomphe populaire a partie liée avec celui de la Bibliothèque, dont le très important fonds encyclopédique libre d'accès séduisit non seulement tous les étudiants de la région parisienne, mais aussi des publics moins habitués à la fréquentation d'un tel lieu. Certaines des expositions devenues mythiques (« Paris-Berlin », 1978 ; « Dalí », 1979-1980 ; « Matisse », 1993 ; « Brancusi », 1995 ; « Le Temps, vite », 2000), tout comme la collection du Musée national d'art moderne, l'une des plus belles au monde, sont également à l'origine de cette réussite. Les débats, rencontres et spectacles de danse organisés aujourd'hui par le Département du développement culturel (DDC) attirent au Centre un public nouveau, peu familier de ses autres activités. Moins bien connu mais

Laissez-passer

Carte annuelle donnant droit à un accès prioritaire par la place Georges-Pompidou, à une entrée permanente et gratuite au Musée, aux expositions et aux cinémas (hors festivals), à des tarifs réduits pour les spectacles et à de nombreux autres avantages (voir « Laissez-passer » dans le chapitre « De A à V, pratiques du Centre »).

Le Centre hors les murs

Le Centre Pompidou diffuse l'art et la culture bien au-delà de ses murs. Qu'il s'agisse d'expositions ou de spectacles, il organise en régions et à l'étranger des manifestations importantes, visibles dans un premier temps au Centre et qui circulent ensuite, ou spécifiquement créées pour l'extérieur, telle l'exposition « Parade » qui, en 2001, a proposé au Brésil une vision des collections du Musée national d'art moderne.

essentiel à la pluridisciplinarité du Centre, l'Ircam a, dans le même temps, su convaincre le monde musical de l'exclusivité de ses recherches et de la qualité de ses réalisations.

Le renouveau

Vingt ans ont passé : les difficultés et les aléas inhérents à la vie d'une telle machine ne purent jamais en ternir les succès. Il devint cependant évident que le Centre vieillissait et devait être rénové.

Les travaux, qui nécessitèrent la fermeture complète du Centre, commencèrent en octobre 1997 et s'achevèrent pour l'essentiel en janvier 2000. Ils furent l'occasion d'améliorations et d'agrandissements dont les plus importants concernent le Musée et la Bibliothèque. Le Musée national d'art moderne-Centre de création industrielle, qui occupe désormais deux étages complets du bâtiment, propose au quatrième niveau un accrochage de ses collections contemporaines et, au cinquième, une sélection de celles d'art moderne. La Bibliothèque publique d'information, qui possède sa propre entrée dans le Forum, a été étendue dans sa superficie et ses sources d'informations pour mieux répondre aux défis des nouveaux médias.

Depuis la réouverture du Centre, son succès ne se dément pas, plébiscité par un public qui montre ainsi son fort attachement et son adhésion continue à ce lieu et à son esprit.

ℹ️

Pour les Horaires d'ouverture, l'Accueil téléphonique, les Billets d'entrée et Tarifs, se reporter aux rubriques correspondantes dans le Chapitre « De A à V, pratiques du Centre ».

Les services

- Informations
  › Informations générales : dans le Forum, niveau 0.
  › Informations Musée : niveau 4.
- Billetterie, caisses automatiques (tarifs pleins uniquement, paiement par cartes bancaires) : Forum, niveau 0.
- Vestiaires, toilettes, bureau de poste, distributeurs bancaires, téléphones : Forum, niveau 0.
- Espace Laissez-passer : Forum, niveau 0.
- Librairies : niveaux 0, 4 et 6.
- Boutique Design : Forum, niveau 1.
- Café Mezzanine : Forum, niveau 1.
- Cafétéria Kiosque : Bibliothèque, niveau 2.
- Restaurant Georges, avec terrasse panoramique : niveau 6, réservation au 01 44 78 47 99 (accès par l'extérieur, sur la place Georges-Pompidou, ascenseur réservé).
- Parking : accès par le souterrain des Halles et par la rue Beaubourg (angle rue Rambuteau).

💻 www.centrepompidou.fr

Créé dès 1995, le site Internet du Centre Pompidou a été entièrement repensé à l'occasion des travaux de rénovation. C'est l'outil à consulter pour obtenir plus de détails.

- Un **Agenda** couvre l'actualité de la programmation et des activités du Centre.
- La rubrique **Événements** présente toutes les activités ponctuelles du Centre.
- Les **Expositions** sont développées sous forme de parcours virtuels.
- La section **Musée** intègre l'accrochage, présente les nouvelles acquisitions et offre une chronique pédagogique de l'art du XXe siècle.
- Une partie **Documentation** est destinée aux chercheurs : catalogues, fonds d'archives…
- Le catalogue des **Éditions** est intégralement en ligne.
- Les sites de la **BPI** et de l'**Ircam** sont également accessibles par ce site : voir « Internet » dans le chapitre « De A à V, pratiques du Centre ».

La signalétique

Depuis sa réouverture, le Centre dispose d'une nouvelle signalétique. L'atelier intégral Ruedi Baur et associés, qui en a été le maître d'œuvre, a fait évoluer les mythiques caractères de machine à écrire de Jean Widmer.

Les grands panneaux d'indication, reprenant les couleurs du Centre, jouent comme des calques pour donner en différentes langues un même renseignement. Expressive et visuellement très présente, cette signalétique est un intermédiaire efficace entre l'architecture et la programmation culturelle.

La fontaine Stavinsky, avec les œuvres de Jean Tinguely et Niki de Saint-Phalle

File d'attente devant le Centre Pompidou

Les activités du Forum et les expositions du Centre

Que faire ? Que voir ?

✈ Dans le Forum, niveaux 0, 1 et -1

Passé l'auvent, vous pénétrez dans le Forum du Centre. Plus qu'un simple hall d'orientation, c'est ici que vous comprendrez comment fonctionne le Centre Pompidou. Devant vous, un bureau d'informations générales. Au fond à gauche, la billetterie pour le Musée, les expositions et les spectacles.

En vous tournant plus à gauche encore, un escalator mène, soit à la chenille qui vous conduira au Musée (niveau 4) et aux expositions (niveau 6), soit, en libre accès, à la boutique Design, à la Bibliothèque et à la salle de cinéma 1.

À droite, une grande librairie vous propose toutes les publications du Centre et un très large choix d'ouvrages sur les arts visuels,

*Dans le Forum, une installation
du Carrefour de la création*

modernes et contemporains. Un
autre escalator vous permet d'accéder à la galerie d'exposition Sud
et au café du niveau 1.

Derrière le bureau d'informations, au fond, deux escaliers et
deux ascenseurs conduisent au

niveau 1 ou au niveau –1. C'est
au niveau –1 que se déroulent la
plupart des spectacles vivants et
certaines conférences. (Les autres
services du Forum sont signalés
à la fin du guide, voir « De A à V,
pratiques du Centre ».)

Bienvenue, donc, au Centre
Pompidou, une ruche où la curio-
sité est toujours excitée par une
apparente confusion des genres,
un mélange des activités. Spectacles
vivants, débats, rencontres, cinéma,
présentations temporaires, activités
pédagogiques se mêlent, se répondent, s'interrogent, se rejoignent…

« Le Carrefour de la création »
(niveau 0 & 1)

Dès l'entrée, autour de la vaste
fosse qui ouvre sur le niveau –1,
des objets bizarres, improbables
ou du moins inconnus, sont offerts
à la vue, sans qu'on sache d'abord
s'il s'agit d'une exposition ou
d'un point de vente. Un flottement
volontaire, une interrogation essentielle à l'approche du « Carrefour de
la création ». Ici, sont régulièrement
présentés des créations de design
contemporain ou des objets issus
du design industriel.

Les activités pédagogiques
(niveau 0)

L'une des caractéristiques essentielles du Centre Pompidou, lieu
de culture ouvert à tous les publics,
est sa vocation pédagogique. De
nombreuses activités sont offertes
au public amateur – non-initiés ou
spécialistes –, aux jeunes visiteurs, à
leurs familles et à leurs enseignants.
Des visites spécifiques sont proposées aux personnes handicapées.

L'accueil des plus jeunes est localisé dans le Forum : la Galerie des enfants et l'Espace éducatif sont installés à gauche, sous la mezzanine.

La Galerie présente aux enfants deux expositions par an auxquelles sont associés divers ateliers. Dans l'Espace éducatif, situé derrière, d'autres ateliers permettent d'aller plus loin dans la connaissance de l'art moderne et contemporain. Grâce à « De l'atelier au Musée », les enfants pénètrent l'univers d'un peintre ou d'un sculpteur en réalisant eux-mêmes des environnements colorés, des fresques géantes, des installations dans l'espace ; ils vont ensuite découvrir les œuvres qui ont inspiré leur propre création. « Les visites actives au Musée » proposent aux enfants et à leurs parents d'appréhender les œuvres des collections permanentes de manière ludique et sensorielle : deux mallettes pédagogiques, « Bleu, Jaune, Rouge » et « Matières à sensations » invitent à découvrir les peintures à travers les trois couleurs primaires, et les sculptures grâce aux différents matériaux employés par les artistes.

Pour les adultes et les étudiants, les conférences « Un dimanche, une œuvre » sont l'occasion de s'intéresser à l'histoire et à l'analyse d'une œuvre choisie dans les collections du Musée, tandis que le tout récent « Collège du Centre » éclaire l'histoire des concepts, des mouvements et des artistes du XXᵉ siècle, au travers de conférences dont les sujets sont liés aux expositions temporaires et aux collections du Musée. Les rencontres avec des créateurs, les ateliers, les cycles de visites et les promenades architecturales accompagnent aussi le public dans sa découverte du Centre Pompidou.

Enfin, le Centre a aussi pour mission la formation à l'enseignement artistique : il reçoit toute l'année des groupes scolaires,

Le Département du développement culturel (DDC)

Au sein du Centre Pompidou, le DDC fédère toutes les activités du spectacle vivant, de la parole, du cinéma et de l'audiovisuel. Il est, comme le Musée, un organisateur d'expositions. À lui de rendre compte des mutations culturelles, anthropologiques et sociologiques de nos sociétés.

Attention, spectacles !

Niveau −1

- Trois salles composent l'espace spectacles :
  › la grande salle (440 places, danse, théâtre, musique),
  › la petite salle (160 places, conférences),
  › salle de cinéma 2 (150 places).
- Le foyer, réservé aux services (billetterie, bar et vestiaire), peut aussi accueillir des événements culturels et des installations d'œuvres en rapport avec les spectacles présentés.

Niveau 1

Salle de cinéma 1 (320 places).

Propos d'artiste

Merce Cunningham, chorégraphe : « Le Centre est plein de surprises à tous les niveaux. L'entente entre le public et les arts, les arts visuels comme ceux du spectacle, est pleine de génie. »

La Direction de l'action éducative et des publics (DAEP)

Dans son souci constant de favoriser l'accès du plus grand nombre à l'art et à la culture d'aujourd'hui, le Centre a confié à une direction particulière la charge des activités éducatives et pédagogiques. La DAEP programme les activités de la Galerie des enfants et de l'Espace éducatif, et organise toutes les autres interventions pédagogiques, notamment dans le Musée.

Vue du Forum

Le defilé d'adieu d'Yves Saint Laurent, Centre Pompidou, 22 janvier 2002. D.R.

de la maternelle à la terminale, et organise des stages pour les enseignants et les personnels des services éducatifs, dans ses murs comme à l'extérieur.

Spectacles vivants (niveau −1)

L'une des grandes innovations à la réouverture du Centre, en 2000, fut le renouveau du pôle de spectacles vivants, équivalent pour les arts de la scène de la partie « art contemporain » du Musée. La danse, le théâtre, les musiques électroniques, mais aussi les performances et les défilés de mode sont désormais intégrés à la programmation du Centre. Outre de grands artistes comme Patti Smith ou Steve Reich, l'institution accueille la jeune scène : elle permet ainsi à un large public de se familiariser avec la création live contemporaine. Les Spectacles vivants ont aussi initié une collaboration avec les autres départements et s'ouvrent aux arts visuels, au design et à la création musicale avec l'Ircam, notamment à l'occasion du festival Agora.

Revues parlées (niveau −1)

Organisées dès l'ouverture du Centre en 1977, les Revues parlées comptent parmi ses activités historiques. Elles constituent une réflexion thématique dans les différents champs de la création : des sujets liés aux arts visuels et appliqués, à la philosophie et à la littérature y sont traités tout au long de l'année. Trois fois par an, des Revues hors-série sont l'occasion de croiser, durant trois soirées, disciplines et modes d'intervention. Enfin, trois fois par an également, les Revues prennent la forme de colloques internationaux.

Forums de société (niveau −1)

Régulièrement, de grands forums faisant appel à des spécialistes de tous pays débattent des phénomènes majeurs de notre monde.

Bousculant les idées reçues, ils mettent en évidence les liens entre la création artistique et les mutations de la société. Ils trouvent leur sujet dans l'actualité culturelle, l'audiovisuel et les nouveaux médias, ou sont conçus en relation avec les expositions programmées au Centre.

Cinéma (niveaux 1 & −1)

Les séances de cinéma du Centre Pompidou sont organisées autour de grands cycles qui explorent un thème, illustrent une exposition temporaire ou présentent l'intégrale d'un cinéaste (Hitchcock, le cinéma russe et soviétique…). Avec l'activité rétrospective, la création audiovisuelle impliquant les nouveaux médias, et en particulier Internet, est également une priorité de la programmation du pôle cinéma.

Vidéodanse (niveau -1)

Par essence, la danse est un art de l'éphémère. Comment témoigner alors de l'œuvre de Nijinski et de Loïe Fuller, comment préserver les performances de Merce Cunningham ou de Pina Bausch ? Vidéodanse, festival annuel, offre au public la possibilité de visionner d'exceptionnels films d'archives et de découvrir des créations de chorégraphes pensées spécifiquement pour la vidéo.

ℹ️

Adresse : Centre Pompidou, place Georges-Pompidou, 75004 Paris.

Pour la programmation Enfants, les Visites guidées, les Conférences, les visites de Groupes, les Visiteurs handicapés, les Formations et Stages, se reporter à ces rubriques dans le chapitre « De A à V, pratiques du Centre ».

Une Visite active dans le Musée, autour du Rhinocéros *de Xavier Veilhan*

Atelier des enfants, autour de Soulages

Atelier des enfants, autour de Giacometti

Visite commentée dans le Musée

Entrée de l'exposition Raymond Hains, 27 juin-3 septembre 2001

Les expositions

Sur la mezzanine, à droite dans le Forum (niveau 1) et au niveau 6

Les expositions temporaires jouent un rôle primordial dans la vie et le succès du Centre : c'est par elles qu'il marque et renouvelle le champ artistique et culturel.

Outre les grandes rétrospectives monographiques, des expositions thématiques ont aussi fait date dans la présentation muséographique tant elles ont su mettre en valeur la mission de pluridisciplinarité du Centre, en conjuguant œuvres plastiques, architecture, design, voire cinéma, multimédia et fonds documentaires : « Paris-New York » (1977), « Les Magiciens de la Terre » (1989), « Face à l'Histoire » (1996) et plus récemment « Le Temps, vite ! » (2000), « Les Années pop » (2001), « Hitchcock et l'art » (2001). Certaines ont été de véritables champs d'expérimentation, renouvelant à l'occasion la vision que le spectateur peut avoir d'une exposition, tels « Les Immatériaux » (1985), « L'Informe » (1996), « L'Empreinte » (1997), « Sonic Process » (2002).

D'autres, encore, ont donné aux visiteurs l'occasion de se confronter à des aspects très pointus de la création moderne et contemporaine, comme « Malevitch, planites et architectones » (1980), « Gaetano Pesce, le temps des questions » (1996), « Au-delà du spectacle » (2000), « Nan Goldin, le feu follet » (2001), « Cher peintre, peins-moi » (2002)… Ces titres ne représentent qu'une infime partie des centaines d'expositions montrées au Centre depuis 1977.

Les différentes équipes du Centre travaillent régulièrement ensemble à composer les multiples sections d'une exposition, l'Ircam, les Spectacles vivants et la BPI pouvant participer à l'une ou l'autre d'entre elles, ou offrir au visiteur des activités complémentaires au sujet abordé. C'est cette pluridisciplinarité qui fait la grande originalité du Centre Pompidou.

Les 10 expositions les plus fréquentées

			visiteurs
1re	1979-80	Dalí	840 662
2e	1993	Matisse	734 896
3e	1984	Bonnard	488 093
4e	1981	Paris-Paris	473 103
5e	1986	Vienne	450 000
6e	1995	Brancusi	431 764
7e	1979	Paris-Moscou	425 013
8e	1979	Magritte	386 313
9e	1996	Francis Bacon	363 215
10e	2001	Les Années pop	354 090

Pour en savoir plus…

La plupart des expositions donnent lieu à un catalogue voire parfois à un livre qui viendra enrichir le sujet. Ces publications complètent la visite de l'exposition. Elles sont en vente dans les librairies du Centre, comme à l'extérieur, en France et à l'étranger. Le catalogue des Éditions du Centre Pompidou (plus de 500 références) est envoyé sur demande (01 44 78 42 30) et consultable sur www.centrepompidou.fr.

ℹ️

• Horaires
Les expositions sont ouvertes tous les jours sauf le mardi et le 1er mai de 11 h à 21 h.

⚠️

Fermeture des caisses à 20 h.
Fermeture des salles à 20 h 45.

• Billets et tarifs
Se reporter à la rubrique dans le Chapitre « De A à V, pratiques du Centre ».

• Visites accompagnées
Pour les Visites guidées, les Conférences, les visites de Groupes, les Visiteurs handicapés, se reporter à ces rubriques dans le chapitre « De A à V, pratiques du Centre ».

• Audioguides en français, anglais, italien disponibles dans certaines expositions. Location à l'entrée des expositions.

La Bibliothèque publique d'information (BPI)

Lire, voir, écouter, apprendre

• Durant la semaine (fermée le mardi et le 1er mai), entrée par le Forum.
• Le week-end, les jours fériés et lors de l'application du plan Vigipirate, entrée par la rue du Renard (face opposée du Centre).

Une bibliothèque unique

La Bibliothèque publique d'information (BPI) n'a pas d'équivalent en France. Bibliothèque encyclo-pédique, elle offre aux lecteurs gratuitement et sans inscription ses 2 200 places assises, ses 14 km de rayonnages de livres et ses 400 postes informatiques. Pour y faire une recherche précise ou simplement y flâner à la découverte de nouveaux savoirs, pour écouter de la musique, voir des films documentaires, lire la presse du monde entier ou regarder des télévisions

Un historique

- 1967 Création de la Bibliothèque publique d'information pour offrir des collections multimédias en libre accès.
- 1976 La Bibliothèque est constituée par décret en établissement public national.
- 1977 Le Centre ouvre ses portes : inauguration de la BPI comprenant une salle d'actualité, située dans le Forum, qui connaîtra un grand succès.
- 1978 Création du festival international Cinéma du réel consacré au film documentaire. Un festival aujourd'hui reconnu dans le monde entier.
- 1980 Exposition « Cartes et Figures de la terre ».
- 1984 Les bibliothécaires gèrent les données du catalogue directement sur ordinateur.
Exposition « Le Siècle de Kafka ».
- 1986 Reconstitution du Café viennois lors de l'exposition « Vienne 1880-1938 ».
- 1987 Exposition « Mémoires du futur ».
- 1988 Exposition « La Bibliothèque idéale » : les 2500 volumes qu'un homme cultivé ne peut ignorer.
- 1989 La BPI fête un total de plus de 50 millions de lecteurs.
Exposition du Bicentenaire : « Le Forum de la Révolution ».
- 1990 Exposition « Télé/visions du monde ».
- 1992 Exposition « Jorge Luis Borges ».
- 1994 Exposition « Walter Benjamin. Le passant, la trace ».
- 1997 Fermeture des espaces de la BPI dans le Centre et installation de la BPI Brantôme jusqu'en 1999.
- 1998 Premiers Rendez-vous de l'édition avec le soutien du Syndicat national de l'édition.
- 2000 Réouverture du Centre et de la BPI complètement réaménagée par l'architecte Jean-François Bodin.

étrangères, apprendre une des 135 langues proposées, naviguer sur Internet librement ou préférer un des 750 sites sélectionnés, et évidemment choisir et lire n'importe quel livre. Son secteur pour la recherche d'emploi et ses informations sur les métiers et les entreprises sont également très sollicités.

Un fonctionnement original

La BPI, bibliothèque multimédia de niveau national accessible à tous, a rencontré un fort succès dès l'ouverture du Centre. La grande diversité de son fonds, disponible en libre accès, est un des facteurs essentiels de sa popularité. Il rassemble en effet à quelques dizaines de mètres d'intervalle des ouvrages de littérature française et étrangère – souvent à la fois en langue originale et en traduction française –, des manuels de médecine ou des ouvrages d'art. Le visiteur peut y écouter indifféremment un disque de techno pop ou de musique sacrée, y consulter aussi bien le cédérom d'un répertoire d'entreprises que celui du Journal officiel européen.

De même, ses horaires très étendus, à l'instar de ceux du Centre, assurent la pluralité de son lectorat : en 2000, les étudiants (59 %) demeuraient les plus assidus, tandis que de nombreux salariés (20 %) s'y rendaient pour la plupart à partir de 18 h.

Une multiplicité de ressources

Aux grands secteurs thématiques traditionnels (situés aux niveaux 2 et 3) tels que Littérature, Histoire et Géographie ou Sciences et Techniques, la BPI ajoute quatre nouveaux pôles qui permettent au lecteur de profiter plus efficacement des ressources. Au niveau 1, le secteur des Références est spécialisé dans l'aide à la recherche bibliographique et les questions d'informations ponctuelles ; le lecteur peut y consulter les catalogues d'autres bibliothèques, des encyclopédies et des dictionnaires, des atlas, des annuaires, des aides à la vie pratique en région parisienne et à la recherche d'emploi, notamment sur Internet. Avec 2 500 titres de périodiques, des revues de presse en ligne et 11 chaînes de télévisions sur 16 postes, le secteur Presse offre

Des œuvres au milieu des livres…

En 1969, évoquant la bibliothèque du Centre qui porterait plus tard son nom, le président de la République, Georges Pompidou, rêvait d'un lieu attirant « des milliers de lecteurs qui du même coup seraient en contact avec les arts ». Ce contact, la direction de la BPI l'a voulu immédiat en intégrant quelques œuvres du Musée dans ses murs. Une peinture monumentale orne ainsi l'escalier et une œuvre de Lawrence Weiner est installée à l'entrée du troisième étage.

Cinéma du réel

Chaque printemps, la BPI organise le festival Cinéma du réel, consacré au film documentaire qui révèle la vision d'auteurs contemporains et audacieux. Ce festival, qui a su au fil des ans s'imposer en France et à l'étranger, a contribué ainsi à la reconnaissance internationale de nombreux documentaristes.

Bison futé à la BPI

La BPI est connue pour ses longues files d'attente dans lesquelles il faut parfois patienter jusqu'à deux heures.
Pour éviter la très grande affluence, mieux vaut ne pas y aller le week-end et en tout cas s'y rendre en soirée à partir de 18 h. À noter que le vendredi est le jour le plus calme de la semaine.

Activités de la BPI

- Séances d'initiation aux outils de recherche.
- Cycles de rencontres, débats, ateliers de lecture.
- Promenades littéraires à travers les quartiers de Paris qui ont inspiré des écrivains.
- Colloques de dimension internationale sur des thèmes en rapport avec l'écrit et le livre.
- Cinéma, tous les mercredis : un film documentaire à 12 h 30 et 20 h ; un film pour les enfants à 14 h 30.

⚠

Informations sur la programmation au 01 44 78 44 49 et en ligne sur www.bpi.fr

Espace Autoformation

La BPI en chiffres

- 10 000 m².
- 3 niveaux.
- 14 km de rayonnages.
- 2 200 places assises.
- 62 heures d'ouverture hebdomadaire.
- 5 cabines équipées pour les aveugles et les malvoyants.
- 400 postes de consultation multimédia, avec 60 imprimantes reliées à ces postes.
- 371 000 volumes imprimés.
- 2 560 périodiques, de très nombreux dossiers de presse et 11 chaînes des télévisions du monde sur 16 récepteurs.
- 5 800 cartes et plans.
- 280 vidéodisques.
- 2 100 films documentaires et 100 films d'animation.
- 10 000 disques compact et 2 700 documents sonores et parlés.
- 1 800 partitions.
- 1 200 documents d'apprentissage de 135 langues et dialectes.
- 200 didacticiels et logiciels d'autoformation et 200 cédéroms de référence et multimédia.
- 750 sites Internet sélectionnés.

Pour en savoir plus…

Aux éditions du Centre Pompidou :
- *Comment est née la BPI, Invention de la médiathèque*, par Jean-Pierre Seguin, 1987, 136 p., 10,67 euros.
- *La BPI à l'usage, 1978-1995* : analyse comparée des publics de la BPI, par Christophe Evans, 1998, 184 p., 14,48 euros.
- *Les Habitués* par Agnès Camus, Jean-Michel Cretin, Christophe Evans, Salon du livre 2000, 328 p., 20,58 euros.
- *L'Utopie Beaubourg, vingt ans après*, par Jean Lauxerois, 1996, 204 p., 18,29 euros.
- *Collection Bonjour/Salut*, collection de méthodes de langues rares – bien que très parlées dans le monde – conçue pour l'auto-apprentissage et comprenant un manuel et des cassettes sonores reproduisant l'intégralité des dialogues et des exercices. Les prix varient selon les coffrets.
- *Les Livres de leur vie*, 10 livrets de 48 p., 9,15 euros.
Des écrivains présentent leurs livres favoris.

une information en provenance de tous les pays du monde. Le pôle d'Autoformation (120 places), ouvert à tous, permet d'apprendre, de façon autonome et à son rythme, de nouvelles langues, l'usage de logiciels, mais aussi de se rappeler certains savoirs de base, etc.

L'espace Son Vidéo rassemble la discothèque de la BPI, comprenant les enregistrements musicaux et les documents parlés (60 places), et la vidéothèque de films documentaires et d'animation (40 places).

Très attachée à son public, la BPI propose régulièrement des débats, des rencontres, des promenades littéraires, et organise chaque année un festival du film documentaire, le Cinéma du réel, de portée internationale. De même, elle participe aux activités interdisciplinaires du Centre.

Modernisée et en constante évolution, la BPI est un instrument d'information et de culture parmi les plus diversifiés et les plus accessibles au public.

🖥 www.bpi.fr

Le site Internet de la BPI comprend :
- le catalogue de la bibliothèque ;
- des informations sur la BPI et ses activités ;
- le programme des manifestations ;
- un service de réponses à distance (bpi-info@bpi.fr) et des réponses à des questions fréquentes ;
- une sélection commentée d'environ 750 sites documentaires classés par domaines ;
- des guides et outils :

Oriente-express : réorientation vers d'autres bibliothèques à Paris et en région parisienne, en fonction du nom de l'organisme, de son domaine, du type de son fonds ou de son adresse.

Langues-info : répertoire des centres de langues à Paris et en région parisienne pour l'apprentissage de 135 langues et dialectes.

Intervidéo : catalogue de 1500 films documentaires sur support vidéo destinés à être prêtés dans le réseau des bibliothèques publiques françaises.

Consultation libre d'Internet à la BPI

La BPI est la première bibliothèque en France à avoir proposé un accès Internet libre à ses lecteurs. Aujourd'hui, elle offre 50 places de consultation permettant d'accéder à tout le web, hormis les services de courrier électronique et certains sites à caractère raciste, pornographique... Pour obtenir un poste, il faut retirer un ticket au bureau d'accueil au niveau 1 de la BPI. La consultation est limitée à 45 minutes.

Par ailleurs, sur les postes multimédias, on peut se connecter directement, par secteur de connaissance, à environ 750 sites sélectionnés pour leur intérêt.

⚠

Le succès de ce service impose souvent une longue attente !

ℹ️

- Adresse
Centre Pompidou,
place Georges-Pompidou, 75004 Paris

- Horaires
lundi, mercredi, jeudi, vendredi : 12 h à 22 h,
samedi, dimanche et jours fériés : 11 h à 22 h.
Fermeture hebdomadaire le mardi et le 1er mai.

- Accueil téléphonique au 01 44 78 12 75 de 10 h à 22 h en semaine (sauf le mardi), de 11 h à 22 h le week-end.

- Site Internet : www.bpi.fr

- Service d'informations rapides : BPI-Info est joignable par courrier (BPI-Info - 75197 Paris Cedex 04), par courrier électronique (bpi-info@bpi.fr), par fax (01 44 78 45 10).

- Aveugles et malvoyants : rendez-vous à l'accueil de la BPI et par téléphone au 01 44 78 12 75 ; des bénévoles (sur rendez-vous) ainsi que des matériels adaptés sont disponibles pour la lecture et l'aide à la recherche.

- Groupes : des groupes de visiteurs peuvent être reçus le matin en prenant rendez-vous au 01 44 78 43 45.

- Kiosque : un snack-bar est accessible dans la BPI.

*Les
400 postes
informatiques*

*Tables
de lecture*

*Espace
de lecture
du Niveau 3*

Une des plus belles collections au monde

✦ Escalator à gauche dans le Forum. Il faut avoir préalablement acheté un billet ! Puis chenille ou ascenseurs jusqu'au niveau 4. L'accès aux espaces du niveau 5 se fait de l'interieur.

Le Mnam-CCI (Musée national d'art moderne-Centre de création industrielle) possède l'une des plus belles collections d'art moderne et contemporain au monde. Et l'im-portance de ses surfaces d'exposition en permet la mise en valeur. Entre 1 500 et 2 000 œuvres sur les 50 000 répertoriées dans son fonds sont présentées en permanence au public.

La visite s'effectue sur deux niveaux entiers du Centre, avec, au quatrième étage, l'art contem-porain (de 1960 à nos jours) et, au cinquième, l'art moderne (de 1905 à

*La Grande Galerie du Mnam.
Les collections contemporaines
du quatrième niveau*

CCI, fut prononcé par Jean Cassou, directeur du Musée à sa création en 1947, esthète éclairé qui fit entrer dans les collections quelques-uns de ses plus grands chefs-d'œuvre.

Un musée qui bouge, c'est avant tout un musée qui ne cesse de s'interroger sur la meilleure manière de présenter ses œuvres. Les salles du palais de Tokyo, où le Mnam fut d'abord installé, sont vite devenues trop exiguës. Mais le Musée dut attendre près de trois décennies la construction du nouveau Centre d'art et de culture avant d'y emménager en 1977. Il a d'ailleurs continué d'y évoluer. L'agencement

1960). Deux parcours qui présentent non seulement la peinture, la sculpture, les installations, la photographie, la vidéo et le cinéma mais aussi – intégrés au Musée depuis 1992 – l'architecture et le design.

Un Musée qui bouge

« Un musée d'art vivant est un musée qui bouge. » Ce mot, qui marque encore le destin du Mnam-

L'atelier Brancusi

En 1957, Constantin Brancusi donne à l'État français son atelier à condition que ce dernier s'engage à le présenter dans une reconstitution fidèle.

L'artiste avait en effet organisé son espace de travail comme un lieu d'exposition dont les éléments de présentation des œuvres comme les éléments de vie : les socles, la cheminée, les établis… étaient sa création.

Après plusieurs installations provisoires, l'atelier occupe désormais un bâtiment spécifique conçu par Renzo Piano en 1996, situé devant le Centre sur la place Georges-Pompidou. Son volume et son éclairage zénithal rendent enfin justice à ce lieu, mémoire du génie de l'artiste.

i

Horaires : tous les jours (sauf le mardi et le 1er mai) 13 h-19 h.
Le billet Musée inclut l'accès à l'atelier Brancusi.

originel est revu en 1986 par Gae Aulenti, architecte du musée d'Orsay, qui cherche alors à mieux mettre en valeur les dessins et les œuvres de petit format. Puis, durant les travaux de rénovation de 1997-2000, Jean-François Bodin, architecte de plusieurs autres musées en France, procède à son réaménagement complet. Par le transfert de l'administration à l'extérieur du bâtiment et la suppression d'espaces à double hauteur, les surfaces d'exposition, désormais de 14 000 m², offrent au public une vision plus large des collections du Musée, notamment de la partie consacrée à l'architecture et au design.

Bouger, c'est aussi ne jamais proposer la même visite. C'est là l'une des grandes originalités et l'une des forces de ce lieu : renouveler périodiquement l'accrochage pour sensibiliser le public à la diversité et à la qualité des collections, tout en respectant une présentation chronologique de l'art des XXe et tout jeune XXIe siècles. De plus, ce mode de fonctionnement facilite la gestion du fonds, et permet de répondre aux nombreuses demandes de prêts, d'organiser des expositions temporaires dans le Centre Pompidou ou hors les murs, et de mettre certaines pièces en dépôt dans d'autres musées français.

Débuts difficiles

Le Mnam a pourtant eu un début de vie difficile. Jusqu'à sa création, l'État s'était désintéressé de l'acquisition d'œuvres contemporaines. Certes, le musée du Luxembourg était consacré depuis plus d'un siècle aux artistes vivants, de même que le Jeu de Paume était le musée des écoles étrangères, mais aucun des deux n'était tourné vers l'avant-garde. En France, à cette époque, l'académisme était la règle ; le génie, l'exception. Les collections

Comment s'enrichit la collection…

• Le Mnam-CCI est depuis longtemps le bénéficiaire très privilégié de dons et de legs de personnes privées et de fondations, tels les apports récents dus à Louise et Michel Leiris, Daniel Cordier, la famille Matisse et la Scaler Foundation. Outre leur grand nombre et leur richesse en pièces majeures de l'art moderne, ces dons forment souvent de véritables ensembles qui permettraient presque de reconstituer les ateliers des artistes.

• La Société des amis du Musée joue, elle aussi, un rôle essentiel dans l'acquisition d'œuvres, voire dans leur production. Elle a ainsi offert au Mnam-CCI, lors de sa réouverture, une œuvre de Mike Kelley et Tony Oursler, The Poetics Project.

• En 1968, le système des dations en paiement de droits de succession apparaît. Mode d'acquisition méconnu, il contribue également beaucoup à l'alimentation du fonds.

• Au moyen d'un budget spécifique, la commission d'achats du Musée propose et vote chaque année de nouvelles acquisitions.

• Outres ses achats, le Mnam-CCI passe commande d'œuvres à des artistes, comme ce fut le cas avec Jean-Pierre Raynaud pour Container zéro.

Pour en savoir plus…

Aux éditions du Centre Pompidou :
La Collection du Musée national d'art moderne II, 1986-1996, 1997, 380 p., 60,98 euros.
La Collection d'architecture du Centre Pompidou, 1998, 376 p., 60,22 euros.
La Collection cinématographique du Musée national d'art moderne, 1997, 496 p., 68,60 euros.
La Collection de photographies du Musée national d'art moderne, 1905-1948, 1997, 516 p., 68,60 euros.
La Collection design du Mnam-CCI, 2001, 206 p., 39,64 euros.
La Collection vidéo du Musée national d'art moderne, éd. Centre Pompidou/ Carré, Paris, 1992, 296 p., 44,21 euros.
La Collection du Centre Georges Pompidou, cédérom, éd. Centre Pompidou/ Infogrames, Paris, 1997, 45,58 euros.

La Documentation du Mnam-CCI

Elle rend compte de la création artistique au XXe siècle dans les arts plastiques, le design, l'architecture, le cinéma expérimental, la photographie et la vidéo. C'est à la fois :

- une bibliothèque comprenant 170 000 ouvrages imprimés dont 70 000 catalogues d'exposition et 12 000 livres précieux, 6 000 titres de périodiques, 12 000 catalogues de vente et 3 500 catalogues de salons ;

- un fonds de 70 000 dossiers documentaires sur des artistes, architectes, designers ;

- des fonds particuliers d'artistes, galeristes, critiques et historiens d'art totalisant 200 000 documents constitués pour la plupart de correspondances et de textes manuscrits inédits ;

- une photothèque conservant une grande variété de supports : tirages en noir et blanc, diapositives, ektachromes, photographies, plaques de verre, etc.

Ouverte en priorité au personnel du Musée pour la préparation des expositions et la constitution des collections, la Documentation a également une vocation patrimoniale. Elle met son fonds à la disposition des conservateurs, galeristes, artistes, journalistes, enseignants, chercheurs, etc.

> **i**

- Horaires

› de 9 h 30 à 13 h et de 14 h à 18 h du lundi au vendredi pour les professionnels ;
› de 14 h à 18 h les lundi, mercredi, jeudi et vendredi pour les étudiants.

> ⚠
> *Les modalités d'accès à la Documentation sont particulières. Veuillez vous renseigner au 01 44 78 47 38.*

Présentation de la collection design

qui font aujourd'hui la renommée du Mnam-CCI étaient quasi inexistantes. Et, jusqu'en 1969, le Musée fut doté d'un très mince budget d'acquisition.

Pour l'enrichir, il a donc fallu la détermination de ses directeurs successifs, mais aussi une volonté politique de plus en plus clairement affirmée, comme l'illustre la création du Centre lui-même. Au-delà, le Mnam s'est construit grâce à la générosité et au civisme de collectionneurs, d'artistes et de l'association des Amis du Musée, donateurs d'œuvres essentielles, conscients de l'enjeu que représentait la constitution de cette collection en France.

Les achats ne sont devenus un élément essentiel de l'enrichissement des collections que dans les années 1970, et plus encore dans les années 1980.

De la peinture à l'architecture et au design

De grands ensembles avaient été formés dans les premières années, tels ceux de Picasso, Kandinsky, Matisse, Braque et Bonnard. De nouveaux ensembles entrèrent ensuite par donations dans les collections : ceux de Laurens, Rouault, Pevsner, Robert et Sonia Delaunay, Kupka…

Mais, au moment de son installation dans le Centre Pompidou, le Musée comportait encore de grandes lacunes. Le Centre entreprit alors d'y remédier par l'achat d'œuvres d'artistes déterminants comme les peintres De Chirico, Mondrian, Miró, Pollock, Magritte, les plasticiens Beuys, Dubuffet, Duchamp, les photographes Brassaï, Cartier-Bresson, Man Ray…

À l'inverse d'autres grands musées, au Mnam, les arts appliqués mirent du temps avant de rejoindre les collections. Le Centre de création industrielle (CCI) avait été détaché du musée des Arts décoratifs pour faire partie intégrante du Centre Pompidou dès son origine. Ses sections architecture, design et arts graphiques furent l'objet de nombreuses expositions et publications. En 1992, il fut décidé que le CCI fusionnerait avec le Mnam afin de constituer une collection de design et d'architecture, aujourd'hui présentée selon la même répartition chronologique que celle des arts plastiques, sur les deux étages du Musée.

Comme son aînée, cette nouvelle collection avait été commencée avec retard. Ses responsables surent tirer parti de ce handicap en sélectionnant les architectes et les designers les plus importants du siècle. Parti pris qui leur a permis des choix plus prospectifs dans le domaine des arts appliqués.

Un Musée pluriel

Aux deux niveaux du Musée, les salles sont ordonnées autour d'une voie centrale. Monographiques ou, au contraire, mêlant et confrontant plusieurs artistes, elles mettent en scène tous les arts visuels. À l'étage des contemporains (niveau 4), les salles de gauche – par rapport à la voie centrale – sont réservées aux maquettes et plans architecturaux, mais aussi aux créations des designers, et à certaines œuvres des nouveaux médias. Tandis qu'à droite se déroule un parcours d'œuvres de plasticiens parmi les plus actuels.

Chez les modernes (niveau 5), le recul du temps permet des mises

en perspective plus fines éclairant diversement les mouvements ou les oppositions d'une époque. Tout autour de l'exposition, le public peut accéder aux terrasses où sont présentées les sculptures monumentales de Picasso, Laurens, Miró, Ernst…

Par ailleurs, au quatrième étage, le visiteur découvre trois espaces complémentaires de la présentation générale. Dans la galerie du Musée, des expositions temporaires valorisent la politique d'acquisition du Mnam, rendent hommage aux donateurs et présentent des dossiers autour d'ensembles d'œuvres. La galerie d'art graphique, elle, réserve une place particulière à ce mode d'expression singulier en rapport avec son importance dans les collections du Musée.

L'espace Nouveaux Médias, enfin, propose de consulter, de visionner, d'écouter les œuvres d'artistes utilisant les médias électroniques – de la vidéo à Internet.

Cette visite ne serait pas complète sans celle de l'atelier Brancusi, une pièce maîtresse, installé à l'extérieur du Centre, à droite en sortant sur la place Georges-Pompidou.

Enfin, autre élément indispensable et cependant méconnu du Musée, sa Documentation. C'est à la fois une bibliothèque, une photothèque et un fonds patrimonial ; elle est ouverte à tous les chercheurs et représente pour les conservateurs du Musée un outil essentiel à la préparation des expositions et à la constitution des collections.

Riche et pluriel, le Musée national d'art moderne-Centre de création industrielle ne présente qu'une infime partie de son fonds : il est donc tenu de renouveler périodiquement son accrochage. Ainsi, en y venant, en y revenant, le visiteur n'aura jamais l'impression de parcourir les mêmes allées, ni d'admirer les mêmes œuvres.

En haut et ci-contre :
*Présentation des
collections historiques
au cinquième niveau*

🖳 www.centrepompidou.fr

Outre l'accrochage du Musée, les dernières acquisitions, des dossiers thématiques, il est possible de consulter:
› le catalogue de la Documentation ;
› l'encyclopédie Nouveaux Médias (www.newmedia-arts.org), premier catalogue des nouveaux médias réalisé à l'échelle européenne en français, anglais et allemand ;
› Netart, qui propose des expositions virtuelles d'œuvres conçues pour Internet et des commandes établies en collaboration avec des institutions internationales.

ℹ️

Pour les Accès, les Horaires d'ouverture, les Billets d'entrée et tarifs, les Visites guidées et de Groupes, les Conférences, se reporter à ces rubriques dans le chapitre « De A à V, pratiques du Centre Pompidou ».

Les collections à travers 150 chefs-d'œuvre

André Derain

1880, Chatou (France) – 1954, Garches (France)

Les Bords de la Tamise, 1905-1906

Huile sur toile, 81 x 100 cm
Don de Marcelle Bourdon en 1990
AM 1990-202

Surtout connu pour sa production
d'avant-guerre, André Derain a
continué de peindre et de surprendre
les autres artistes jusqu'à sa mort,
en 1954. Lié dès 1899 à Matisse, puis
influencé par Picasso, Derain est
vu comme le grand régulateur entre
les deux monstres. À l'occasion
d'un voyage en Italie, il revient aux
sources classiques, et sa peinture
abandonne l'avant-garde pour des
canons plus traditionnels. Il est désa-
voué par la critique, et s'enfonce peu
à peu dans la solitude après 1945.

Les Bords de la Tamise, qui date
de 1905, est une sorte d'instantané
de vie dont les couleurs précieuses,
inspirées de Turner, créent « des
formes hors des objets convenus
réels » (A. Derain). La maîtrise de
la composition, conçue selon un plan
diagonal, donne toute leur force
aux figures rapidement croquées
qui traversent la scène.

Georges Rouault ➤

1871, Paris (France) – 1958, Paris (France)

Fille au miroir, 1906

Aquarelle sur carton, 70 x 55,5 cm
Achat en 1952
AM 1795 D

La prostituée (un thème qu'il aborde
de 1903 à 1914) symbolise chez
Rouault la déchéance humaine.
Moraliste et chrétien, il ne se réjouit
pas comme Lautrec de son vice,
il pleure la tragédie de son destin.
Cette version, en particulier, qui met
en lumière les contrastes et utilise
toutes les subtilités de l'aquarelle,
évoque les transparences d'un
vitrail, retirant toute vulgarité au
sujet pour ne lui en laisser que la
grâce. La prostituée devient une
apparition pudique qui n'offre son
regard au spectateur que par miroir
interposé.

Georges Braque

1882, Argenteuil (France) –
1963, Paris (France)

Petite baie de La Ciotat,
1907

Huile sur toile, 36 x 48 cm
Donation de Mme Georges
Braque en 1965
AM 4298 P

En 1907, Georges
Braque, qui va devenir
le partenaire de Picasso
dans les années cubistes,
évolue entre fauvisme
et influence de Cézanne.
Comme ce dernier, il part
lutter avec la lumière du Sud et en
rapporte des toiles aux tons forts
mais déjà brûlés par le soleil. Pourtant,
à La Ciotat, où il passe l'été en compagnie d'Othon Friesz, son art se sin-
gularise : ce sont les dernières toiles
de sa période fauve. Parmi elles,

Petite baie de La Ciotat est sans doute
la plus réussie et la plus différente,
grâce à « l'emploi hétérogène de la
touche, très divisée et appliquée en
taches rares, comme éclatées, pour
laisser apparaître le fond blanc de
la fine toile apprêtée » (G. Braque).

Pablo Picasso ➤

1881, Malaga (Espagne) – 1973, Mougins (France)

Femme assise dans un fauteuil, 1910
Huile sur toile, 100 x 73 cm
Legs de Georges Salles en 1967
AM 4391 P

Géant du XXᵉ siècle, Pablo Picasso en est tout à la fois un inventeur et un témoin. Il a su révolutionner l'art de son temps tout en prenant position face à l'histoire des hommes. Maître du cubisme avec Braque, il en explore toutes les ressources et atteint, avec *Femme assise dans un fauteuil*, l'un des derniers d'une série de portraits de Fernande – sa compagne à l'époque –, une densité inégalée.

Georges Braque

1882, Argenteuil (France) – 1963, Paris (France)

Femme à la guitare, 1913
Huile et fusain sur toile, 130 x 73 cm
Don de Raoul La Roche en 1957
AM 3487 P

Dans *Femme à la guitare*, la déconstruction du sujet, la multiplication des points de vue, les jeux de forme et de lumière sont caractéristiques de la peinture cubiste de Georges Braque à la veille de la Grande Guerre. Cependant, à l'instar des collages que Picasso et lui-même commencent à pratiquer, cette toile marque la volonté du peintre de rendre des effets de matières et de mettre en valeur les caractères d'imprimerie des journaux. Comme s'il fallait lester de réalisme cette vision si fragmentée du monde.

Juan Gris ➤

1887, Madrid (Espagne) – 1927, Boulogne-Billancourt (France)

Le Petit Déjeuner, 1915
Huile et fusain sur toile, 92 x 73 cm
Achat en 1947
AM 2678 P

À partir de 1911, Juan Gris se voue au cubisme. Il en devient le « grammairien ». Géométrisation des objets, multiplication des points de vue, insertion de la typographie, tous ces éléments sont présents dans *Le Petit Déjeuner*. Gris y ajoute un thème qui lui est propre, celui de la fenêtre, à travers laquelle la lumière extérieure vient perturber l'ordonnancement de la nature morte : les ombres découpent la surface en de multiples plans, le vert du journal et des objets environnants paraît,

Cette toile illustre la fragmentation du volume en facettes, même si l'ensemble du personnage reste cohérent. Fernande semble en mouvement tant le dynamisme des plans qui la composent s'oppose au fond presque plat : elle apparaît comme une sorte de sculpture mise en peinture.

comme le brun du bois, réagir au bleu du ciel. Gris, en virtuose, crée avec cette table du matin un espace synthétique, « concret et concis », dit-il.

Henri Matisse

1869, Le Cateau-Cambrésis (France) – 1954,
Nice (France)

Portrait de Greta Prozor, 1916
Huile sur toile, 146 x 96 cm
Don de la Scaler Foundation en 1982
AM 1982-426

Henri Matisse domine avec Picasso
toute la première moitié du XXᵉ siècle.
Il se révèle en 1905, à trente-cinq ans
déjà, après un été passé à Collioure
aux côtés de Derain. Leurs toiles
fauves sont présentées au Salon
d'automne, cette année-là, où elles
font scandale. En 1910 apparaissent
deux panneaux grandioses, *La Danse
et La Musique*, modèles de simplicité
grâce à l'utilisation de trois aplats de
couleur. Une tension qui se relâche
dans les toiles dues aux séjours de
l'artiste au Maroc en 1912 et 1913,
avant que le noir ne s'installe dans
celles des années de guerre. Il fait
alors une série majeure de portraits
qui comptent parmi ses œuvres les
plus abstraites. En 1916, il peint ainsi
Greta Prozor, sombre et lumineuse,
haute et mince comme une icône sur
fond doré.

Pablo Picasso

1881, Malaga (Espagne) – 1973, Mougins
(France)

Arlequin, 1923

Huile sur toile, 130 x 97 cm
Legs de la baronne Eva Gourgaud en 1965
AM 4313 P

Sensible au monde du cirque et
à l'atmosphère de la Commedia
dell'arte, Pablo Picasso donne ici
le portrait de son ami, le peintre
catalan Jacinto Salvado, en arlequin,
revêtu d'un costume créé pour Jean
Cocteau. De facture néo-classique,
comme nombre de ses œuvres après
la Première Guerre mondiale, l'arlequin offre le visage d'un homme
pensif, peut-être triste. La coloration
partielle de l'habit contrarie l'attitude
de prostration dans laquelle semble
plongé le personnage, et l'anime,
comme si son image revenait à la
mémoire. Picasso semble ici, après
toutes les innovations de la période
cubiste, faire retour sur les principes
traditionnels de la peinture.

Henri Matisse

1869, Le Cateau-Cambrésis
(France) – 1954, Nice (France)

*Figure décorative sur fond
ornemental*, 1925-1926

Huile sur toile
130 x 98 cm
Achat en 1938
AM 2149 P

Ce tableau illustre la
confrontation qu'Henri
Matisse opère entre la
figure et le fond, entre
une profondeur en trois
dimensions et un es-
pace décoratif en deux
dimensions.

Le corps, à l'image
des sculptures que
Matisse entreprend à la
même époque, est posé
devant un tissu et sur
un tapis dont les motifs
gomment la perspective :
l'arbre en pot, le miroir,
la corbeille de citrons sont comme
aspirés dans un même plan. Seul le
corps de la femme, fait de volumes
contrastés et rehaussés d'un cerne
noir, leur redonne un peu de présence.

Ici, Matisse expérimente de nouvelles solutions pour la couleur et
le nu, en même temps qu'il revient
à une certaine simplification qui rappelle les années 1914-1917. L'œuvre
est immédiatement saluée par la
critique.

Constantin Brancusi ▼

1876, Pestisani (Roumanie) – 1957, Paris (France)

Muse endormie, 1910

Bronze poli, 16 x 25 x 18 cm
Don de la baronne Renée Irana Frachon en 1963
AM 1374 S

Sensible à la simplicité de la sculpture africaine, le sculpteur d'origine
roumaine Constantin Brancusi cher-
cha à révéler une nouvelle réalité
plastique. Son œuvre, qui annonce

toute la sculpture moderne, est éloig-
née de tout courant, notamment des
cubistes, car Brancusi se réfère à un
monde naturel et cosmique, étranger
à tout formalisme intellectuel.

Très vite après son arrivée à Paris
en 1904, Brancusi s'attache à tailler
dans le bloc, la pierre, le marbre ou
le bois, dont ses sculptures – telle
Muse endormie – semblent s'extirper.
L'original de la Muse, en marbre,
reflète déjà le souci de Brancusi
de gommer toute particularité
du modèle : la sculpture apparaît
comme l'essence du visage, débar-
rassé aussi du cou, dernier lien avec
le reste du corps. Les tirages en
bronze (il en existe cinq dont deux
sont au Mnam-CCI) se différencient
les uns des autres par d'infimes
détails : ici, la chevelure rappelle,
par sa patine, que cette sculpture
n'est pas l'image d'un esprit, mais
sublime les traits d'un modèle.

Marc Chagall
1887, Vitebsk (Russie) – 1985, Saint-Paul-
de-Vence (France)

À la Russie, aux ânes et aux autres, 1911
Huile sur toile, 157 x 122 cm
Don de l'artiste en 1953
AM 2925 P

À Paris, où il est arrivé durant l'été
1910, Marc Chagall souffre de l'éloig-
nement de sa terre natale. Un an plus
tard, se libérant peu à peu des in-
fluences de l'avant-garde parisienne,
il explore sa mémoire, à la recherche
des images de sa Russie : ici, dans un
univers à la fois irréel mais très iden-
tifiable, il peint son père, les paysan-
nes russes, une isba, des animaux de
la ferme. Confronté aux contrastes
violents des couleurs, à l'influence
cubiste de la mise en scène, ce sujet
terrien devient un rêve, un souvenir
douloureux mais idéal.

Vassily Kandinsky

1866, Moscou (Russie) – 1944, Neuilly-sur-Seine (France)

Mit dem schwarzen Bogen
[Avec l'arc noir], 1912

Huile sur toile, 189 x 198 cm
Donation de Nina Kandinsky en 1976
AM 1976-852

Vassily Kandinsky, artiste d'origine russe devenu français en 1939, est un révolutionnaire dans l'art de peindre. Venu relativement tard à la peinture (vers trente ans), il s'émancipe peu à peu de la nécessité de représenter pour gommer toute référence possible au réel. Qu'il soit ou non reconnu comme l'inventeur de l'abstraction, il en est l'un de ses plus brillants émules.

Parmi les œuvres du très important fonds que possède le Mnam-CCI, [Avec l'arc noir] est sans doute une pièce exceptionnelle. Elle est à la fois une synthèse de l'œuvre déjà accomplie et une annonce de celle à venir. De son vivant, l'artiste la jugea pourtant dépassée, et elle ne connut de fortune qu'à partir de son exposition à Paris, en 1937. Quant à l'arc noir, il rappelle le joug d'une troïka souvent présent dans ses toiles.

Vassily Kandinsky ◁

1866, Moscou (Russie) – 1944, Neuilly-sur-Seine (France)

Gelb-Rot-Blau [Jaune-Rouge-Bleu], 1925

Huile sur toile, 128 x 201,5 cm
Donation de Nina Kandinsky en 1976
AM 1976-856

De 1922 à 1933, Vassily Kandinsky réside en Allemagne et enseigne au Bauhaus. En 1925, cette école quitte Weimar pour Dessau. C'est aussi l'année où Kandinsky nuance ses compositions de courbes et de dégradés de couleur.

Dans [Jaune-Rouge-Bleu], les lignes géométriques de gauche s'opposent aux formes libres de droite. Kandinsky poursuit ainsi son exploration d'une esthétique de la

complexité et affirme sa capacité à renouveler l'approche formelle non figurative. S'éloignant des néoplasticiens issus du Bauhaus, des constructivistes russes comme de Malevitch et de Mondrian, il propose une peinture colorée où les formes naissent et s'anéantissent dans un chaos de vie.

František Kupka

1871, Opocno (Bohème orientale) – 1957, Puteaux (France)

Plans verticaux I, 1912-1913

Huile sur toile, 150 x 94 cm
Achat en 1936
JP 807 P

Artiste symboliste et abstrait, Kupka peint ici des plans verticaux, détachés de toute référence explicite à la nature et à l'ordre pictural traditionnel. Ils sont comme suspendus dans un espace indéterminé et semblent s'éloigner progressivement du spectateur. Pourtant, Kupka désigne une inspiration figurative de nature symboliste : « La ligne verticale est comme un homme debout. » Des plans verticaux qui évoquent aussi les touches d'un piano, tels les motifs de ses *Nocturnes,* car Kupka est en même temps fasciné par la musique en tant qu'expression de la spiritualité pure.

Fernand Léger

1881, Argentan (France) – 1955, Gif-sur-Yvette
(France)

La Noce, vers 1911

Huile sur toile, 257 x 206 cm
Don d'Alfred Flechtheim en 1937
AM 2146 P

Fernand Léger est l'un des artistes
les plus singuliers du XXe siècle.
Au début de sa carrière, sa peinture
a été assimilée à celle de ses amis
cubistes. Mais elle s'en différencie
par les sujets, la vivacité des couleurs, la profondeur de champ,

le dynamisme de l'ensemble et,
surtout, ces formes tubulaires qui
lui sont personnelles.

Dans *La Noce*, le travail de Léger
est moins proche de Braque et de
Picasso que de Robert Delaunay,
Gleizes et Le Fauconnier, chez qui
l'on retrouve les formes arrondies
à peine colorées encadrant la scène.
Au centre, un couple hiératique et,
tout autour, le cortège, le village et
la route sont rendus par des couleurs
vives et une multiplicité de points
de vue qui animent l'ensemble.

Sonia Delaunay

1885, Gradizhsk (Russie) – 1979, Paris (France)

Prismes électriques, 1914

Huile sur toile, 250 x 250 cm
Achat en 1958
AM 3606 P

Sonia Delaunay, peintre française
d'origine russe, fut une pionnière
des arts appliqués et de l'abstraction.
Son nom reste pour toujours associé
à celui de son mari, Robert. Peintre
de la couleur et des « contrastes
simultanés », elle a aussi appliqué
ses motifs à des robes, des foulards,
des gilets… Toutes les périodes
de son œuvre sont répertoriées
dans la collection du Mnam-CCI,
grâce à une importante donation
de l'artiste.

Prismes électriques, acquis par
Jean Cassou en 1962, est un chef-
d'œuvre de la période dite « orphi-
que » : la peinture devient le sujet
unique du tableau et les variations
de la lumière semblent fixées sur la
toile. Tout le prisme y est décomposé
en des formes et des associations
qui laissent circuler l'énergie infinie
de la lumière.

Giorgio De Chirico

1888, Volos (Grèce) – 1978, Rome (Italie)

Ritratto premonitore di Guillaume Apollinaire [Portrait prémonitoire de Guillaume Apollinaire], 1914

Huile sur toile, 81,5 x 65 cm
Achat en 1975
AM 1975-52

Un buste classique arborant des lunettes noires, des moules à gâteaux fantaisie, une silhouette en ombre chinoise d'Apollinaire sur un fond vert Véronèse, des perspectives abruptes qui donnent l'impression d'être au fond d'une boîte et, pourtant, à droite, l'ouverture d'une arche : telle est l'intrigante composition que De Chirico offre au spectateur. D'autant plus intrigante par son titre, [Portrait prémonitoire de Guillaume Apollinaire], et le rond blanc dessiné

sur la tête du poète à l'emplacement précis où il sera blessé, deux ans plus tard, durant la Grande Guerre. Entre peinture classique et vision avant-gardiste, le peintre, conduit par ses hallucinations, élabore une œuvre « métaphysique », référence majeure pour le surréalisme et la première moitié du XXᵉ siècle.

Francis Picabia

1879, Paris (France) – 1953, Paris (France)

Udnie, 1913

Huile sur toile, 290 x 300 cm
Achat en 1948
AM 2874 P

Composée à son retour de New York, *Udnie* est l'une des toiles maîtresses de Francis Picabia. Sous un titre énigmatique, qui évoquerait une danseuse rencontrée sur le transatlantique qui le ramenait en Europe, cette œuvre, peut-être influencée par les futuristes italiens, marque combien Picabia s'éloigne alors des cubistes. L'ensemble est dominé par des couleurs froides et des formes dures, qui s'épanouissent au centre dans un jaillissement de couleurs plus chaudes : témoignant du fait que pour Picabia toute description est impossible, ce tableau illustre de manière plus ou moins abstraite un sentiment et son souvenir.

Francis Picabia ◁

1879, Paris (France) – 1953, Paris (France)

Dresseur d'animaux, 1923
Ripolin sur toile, 250 x 200 cm
Achat en 1998
AM 1998-174

Dans *Dresseur d'animaux*, Picabia représente de simples silhouettes traitées en aplats contrastés et d'autant plus voyantes que le peintre a substitué à l'huile traditionnelle du Ripolin industriel aux couleurs clinquantes. La palette réduite évoque plus une affiche qu'une peinture. Comme Duchamp à New York, Picabia est en rupture avec les salons parisiens où, chaque année, les peintres exposent leur production : le dresseur serait donc le jury, ou les organisateurs, et ses chiens savants, les artistes qui se soumettent à leur jugement. Jusqu'à la mention d'une date fictive et de l'aveu même de Picabia, le tableau a été peint, comme tous les autres, pour provoquer le regard, retenir l'attention, susciter le débat.

Kasimir Malevitch

1878, Kiev (république d'Ukraine) – 1935, Leningrad (ex-URSS)

Croix [noire], 1915

Huile sur toile, 80 x 79,5 cm
Don de la Scaler Foundation et de la Beaubourg Foundation en 1980
AM 1980-1

Ukrainien d'origine polonaise, Kasimir Malevitch, peintre, écrivain, philosophe, a mené une recherche fondamentale sur les formes, déclarant dès 1915, à propos de ses premières œuvres abstraites : « Je suis arrivé au-delà du zéro, à la création, c'est-à-dire au suprématisme. » Il peint une série d'unités géométriques minimales noires sur fond blanc dont chacune découle du carré.

Dans leurs différentes versions, les « Croix » – dont le Mnam-CCI possède la plus ancienne – vibrent de la tension qui parcourt l'espace de la toile, et leurs bras irréguliers ôtent toute rigidité à l'ensemble. Occultée dès 1935 en URSS, l'œuvre de Malevitch a été redécouverte en Occident en 1958 et a, dès lors, influencé l'avant-garde et le courant minimaliste.

▶ Theo van Doesburg

1883, Utrecht (Pays-Bas) – 1931, Davos (Suisse)

Composition X, 1918

Huile sur toile, 64 x 43 cm
Achat avec la participation de la Scaler Westbury Foundation, de la Scaler Foundation et du Fonds du Patrimoine en 2001
AM 2001-44

Theo van Doesburg fut à la fois architecte, peintre, poète et penseur. Influencé par Cézanne et impressionné par les écrits de Kandinsky et d'Apollinaire, il est le créateur, avec notamment Mondrian, du groupe De Stijl, le théoricien de l'abstraction et l'un de ses grands artistes. En 1918, il peint une série de tableaux nommés « Compositions », parmi lesquels *Composition X*. Comme dans les autres toiles, il s'agit du processus de décantation d'un sujet figuratif. Ici, à partir d'une série d'études du portrait de sa compagne, il livre une ultime version, stylisée au point que chacun des éléments de l'image d'origine est converti en rectangles. Il ne reste plus alors que la dynamique des surfaces noires, grises et blanches, disposées orthogonalement dans le plan.

Marcel Duchamp

1887, Blainville-Crevon
(France) – 1968 Paris
(France)

Neuf Moules Mâlic,
1914-1915

Verre, plomb, peinture
à l'huile, acier vernis
66 x 101,2 cm
Dation en 1997
AM 1997-95

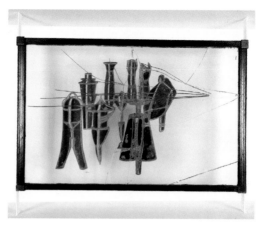

Neuf Moules Mâlic
fait partie de *La
Mariée mise à nu par
ses célibataires, même.*
Précisément, il s'agit
de la partie repré-
sentant les célibataires, ces mâles
venus courtiser la mariée et qui,
par un système de tubes, évacuent
un gaz, symbole de leur virilité.
La Mariée, que Duchamp laissa
inachevée en 1923, est pourtant
dans tous ses détails extrêmement
soignée. Ainsi, ces moules ne sont
que des « cercueils », « neuf enveloppes extérieures des moulages de
neuf uniformes et livrées différents »,
dont l'artiste a méticuleusement
étudié la perspective, chaque moule
– à l'exception d'un seul – étant doté
d'une section elliptique. Une œuvre
très sophistiquée que
Duchamp se plut toujours
à présenter avec la dés-
involture qui sied à son
sujet.

Marcel Duchamp

1887, Blainville-Crevon (France)
– 1968, Paris (France)

Fontaine, 1917 / 1964

Faïence blanche, peinture
63 x 48 x 35 cm
Achat en 1986
AM 1986-295

D'un simple urinoir qu'il
signa d'un pseudonyme,
Marcel Duchamp fit en
1917 une *Fontaine* qui
allait alimenter près d'un
siècle de création et de
controverse. À travers ce
geste, il affirme que n'importe quel
objet « choisi » par l'artiste accède
au rang d'œuvre d'art : manifeste du
ready-made, *Fontaine* est considérée
comme l'acte de naissance de l'art
actuel. C'est le point de départ de
nombre de révolutions et d'excès
artistiques de notre temps.

Cette œuvre fut exposée à nouveau en 1950, trente ans plus tard.
La pièce originale ayant été perdue,
Duchamp signa une réplique, puis
d'autres éditions apparurent qui
permirent à cette œuvre d'intégrer
les grandes collections du monde.

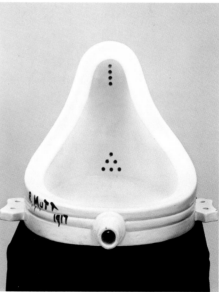

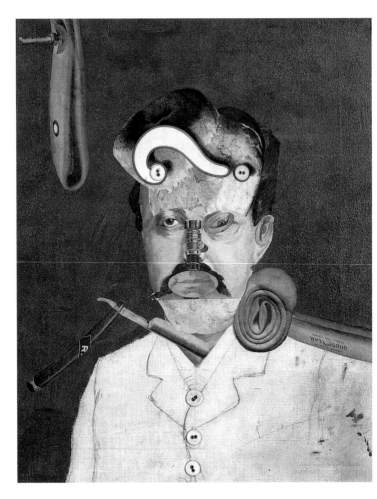

George Grosz

1893, Berlin (Allemagne) – 1959, Berlin
(Allemagne)

*Remember Uncle August, the unhappy
Inventor* [Souviens-toi de l'oncle
Auguste, le malheureux inventeur],
1919

Huile, crayon, matériaux divers, 49 x 39,5 cm
Achat en 1977
AM 1977-562

Présentée à la première grande foire
internationale Dada à Berlin en 1920,
cette œuvre est composée d'éléments
disparates, qui semblent réunis au
hasard sur un fond simplement peint
ou seulement esquissé. C'est, pour
le Dada Georg Grosz, le moyen de
critiquer la peinture traditionnelle,
les conditions mêmes de l'art et,
au-delà, toute l'idéologie culturelle
élaborée par la société bourgeoise.
Inscrite sur le châssis, la phrase :
« *Remember Uncle August, the
Unhappy Inventor* » rappelle que
cette société-là n'a pas su éviter la
Grande Guerre.

Raoul Hausmann

1886, Vienne (Autriche) – 1971, Limoges
(France)

*Der Geist unserer Zeit (Mechanischer
Kopf)* [L'Esprit de notre temps
(tête mécanique)], 1919

Marotte en bois et matériaux divers
32,5 x 21 x 20 cm
Achat en 1974
AM 1974-6

Cette marotte de coiffeur en bois qui
exhibe des objets hétéroclites – un
porte-monnaie, un chiffre 22, une
timbale, un petit écrin à bijoux, un
cylindre photographique, un tuyau

de pipe, un décimètre, une pièce
d'appareil photographique – illustre
l'impersonnalité des hommes : « leur
visage n'est qu'une image faite par
le coiffeur », explique Hausmann.
Satire de l'esprit petit-bourgeois,
attraction-répulsion pour la civilisa-
tion mécanique, critique de la dés-
humanisation de notre société,
l'humour noir Dada amuse en même
temps qu'il désespère.

Max Ernst ➤

1891, Brühl (Allemagne)
–1976, Paris (France)

Ubu Imperator, 1923

Huile sur toile, 81 x 65 cm
Don de la Fondation pour
la Recherche Médicale
en 1984
AM 1984-281

Œuvre des débuts
du surréalisme, *Ubu
Imperator* hérite des
collages cubistes. C'est
un assemblage d'élé-
ments hétérogènes qui,
ensemble, constituent
une autre réalité. Cette
masse, à la fois tour de
Pise, toupie et homme,
symbolise un pouvoir
grotesque à la manière
du père Ubu, dont
la lourde inertie n'est
contredite que par le
tournoiement de son
ombre. Cette étrange figure évoque
en fait le prestige de l'autorité pater-
nelle, de l'acte sexuel et de la création picturale ; mais un prestige qui
vacille. Un an avant la parution du
Manifeste du surréalisme, Max Ernst
annonce les voies dans lesquelles
il s'engage, qui mêlent symboles
de l'enfance et réflexion sur l'acte
de peindre.

Max Ernst

1891, Brühl (Allemagne) – 1976, Paris (France)

*Culture physique ou : la mort
qu'il vous plaira*, 1929

Gravures découpées et collées, 11,2 x 8,2 cm
Don de Carlo Perrone en 1999
AM 1999-3(15)

Max Ernst réalise 150 collages à
partir de reproductions imprimées
durant son séjour en Ardèche en
1928. Il les intègre tous à son roman
La Femme 100 têtes, qui paraît à la
fin de 1929, et notamment *Culture
physique ou : la mort qu'il vous plaira*.
Cet ensemble, qui n'a jamais été
montré dans son intégralité, est
aujourd'hui dispersé. Le don fait
au Mnam-CCI de 40 de ces planches
offre une idée du roman-collage
inventé par Ernst, des images sans
texte (les légendes sont des ajouts
ultérieurs suggérés par Breton), sans
logique narrative, où l'unité procède
de la force d'hallucination visuelle
et poétique, celle-là même qui forme
la matière du rêve.

Joan Miró

1893, Barcelone (Espagne) – 1983, Palma de Majorque (Espagne)

La Sieste, 1925
Huile sur toile
113 x 146 cm
Achat en 1977
AM 1977-20

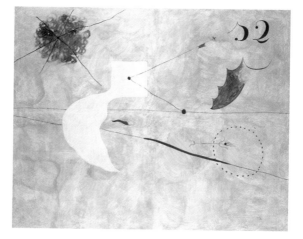

Associé par la suite aux surréalistes, Joan Miró tente lui aussi d'« atteindre la poésie » par la peinture. Parisien à partir de 1920 (il retourne en Catalogne l'été), Miró développe, après une première période de « réalisme magique », ses « peintures de rêve » (1925-1928).

C'est à cette dernière série qu'appartient La Sieste, œuvre complexe qui, au-delà de son fond uni (typique de cette période), s'inspire du paysage de la ferme familiale de Montroig. Mais, synthétisant les différents éléments figuratifs (une femme, le soleil, un nageur, les crêtes d'une montagne, un cadran solaire…), Miró laisse un bleu vibrant envahir la toile et devenir le champ même d'une vision onirique.

Joan Miró

1893, Barcelone (Espagne) – 1983, Palma de Majorque (Espagne)

[Collage], 1929

Plaque goudronnée, papiers divers découpés et collés, fil de fer, chiffons, encre et crayon, 74,4 x 73,7 x 7 cm
Achat en 1996
AM 1996-394

En constante évolution depuis son arrivée à Paris en 1920, Miró renonce à ses vastes fonds unis parsemés de quelques signes – qui constitueront pourtant la base de l'œuvre à venir –, pour revenir à la réalité (1928-1929). Puis, il se tourne vers le collage et l'assemblage d'éléments bruts, une forme d'anti-peinture.

Ce collage a l'austérité d'une œuvre non rehaussée de dessins. Miró y fait intervenir deux éléments fondateurs de son travail : une matérialité brutale, exclusivement tactile, et des formes abstraites et aléatoires.

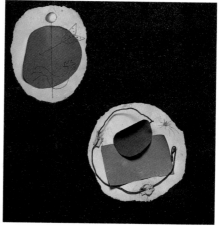

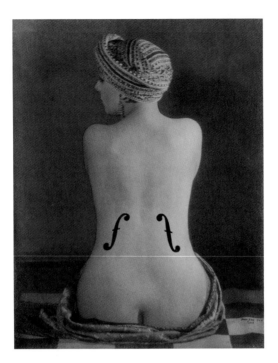

Man Ray

1890, Philadelphie (États-Unis) – 1976, Paris
(France)

Le Violon d'Ingres, 1924

Épreuve aux sels d'argent rehaussée
à la mine de plomb et à l'encre de Chine
et contrecollée sur papier
31 x 24,7 cm
Achat en 1993
AM 1993-117

Œuvre la plus célèbre de Man Ray,
Le Violon d'Ingres s'inspire de *La Bai-
gneuse Valpinçon d'Ingres* (1808) et
rappelle qu'Ingres était un fervent
violoniste. Cette photographie du
modèle Kiki de Montparnasse, sur le
dos de laquelle Man Ray a dessiné à
l'encre de Chine deux ouïes, suggère
par un jeu de mot visuel la passion
du photographe pour le corps de la
jeune femme. Au moment où Man
Ray réalise cette œuvre, la photographie et l'avant-garde sont liées
depuis une petite quinzaine d'années
de manière si fructueuse que l'art y
trouve les sources de ses investiga-
tions comme la mise en question,
par les surréalistes, du « principe de
réalité ».

Alexandre Rodtchenko

1891, Saint-Petersbourg (Russie) – 1956,
Moscou (ex-URSS)

*Projet de couverture pour le recueil
constructiviste* Viste miena vsiekh, 1924

Photomontage, épreuve aux sels d'argent
23,5 x 16,5 cm
Don de Mouli Rodtchenko en 1981
AM 1981-577

Après avoir annoncé la mort de la
« peinture de chevalet », l'artiste
soviétique constructiviste Alexandre
Rodtchenko va se tourner vers la
photographie dont il apprécie la
force simplificatrice. Il ne commen-
cera à photographier par lui-même
qu'en de 1924, se spécialisant jusque-
là dans le photomontage, comme
pour ce projet de couverture du
recueil de poésies constructivistes
Miena Vsiekh. Cette « méthode Rodtchenko », si populaire qu'elle fut
généralisée par les éditeurs d'État,
mélangeait des éléments découpés
dans diverses revues avec des photographies prises pour la composition,
comme ici l'homme marchant,
portrait du poète Ilya Chicherin.

László Moholy-Nagy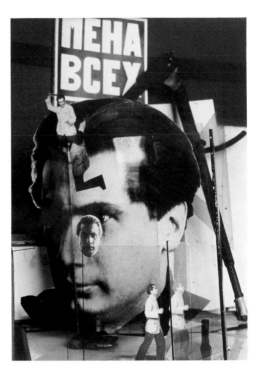
1895, Bacsbarsod (Hongrie)
– 1946, Chicago (États-Unis)

Photogram (Self-portrait), vers 1926
Épreuve aux sels d'argent
24 x 18 cm
Achat en 1988
AM 1988-1183

Fondateur et théoricien de la photographie moderne, László Moholo-Nagy est l'un des artistes les plus importants du XXᵉ siècle. Familier de l'avant-garde berlinoise dans les années 1920, professeur au Bauhaus de 1923 à 1928, il émigre aux États-Unis en 1937. Très tôt, il développe sa pratique en se concentrant sur des sujets banals, qui acquièrent leur originalité par des effets de plongée et contre-plongée, par des angles spectaculaires…

Mais surtout, il crée des photogrammes, ces images réalisées sans appareil photographique, par simple projection de la lumière sur un sujet placé sur une feuille de papier sensible. Des manipulations de lumière qu'il juge être « la clé de la photographie », et dont cet autoportrait est une très belle illustration.

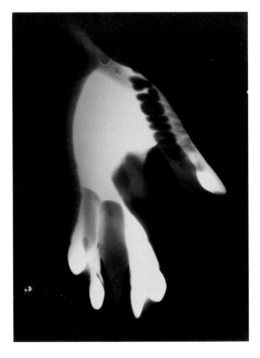

Otto Dix

1891, Untermhaus (Allemagne) – 1969,
Singen (Allemagne)

Bildnis der Journalist Sylvia von Harden
[La Journaliste Sylvia von Harden],
1926
Huile et tempera sur bois, 121 x 89 cm
Achat en 1961
AM 3899 P

Otto Dix allie sa maîtrise des techniques de la Renaissance à son goût
de la caricature. Il offre ainsi une
vision précise, ciselée et cinglante de
la République de Weimar. La société
allemande est alors en recherche
d'elle-même : Dix en révèle les
contradictions, la fièvre et la joie
maladive de vivre.

Femme libérée et intellectuelle,
la journaliste Sylvia von Harden
paraît disproportionnée, telle une
marionnette désarticulée, la tête
posée sur un corps trop massif, ses
mains crispées mais comme embras-
sant le monde. Elle porte en elle tous
les stigmates d'une époque.

Christian Schad

1894, Miesbach (Allemagne) – 1982,
Stuttgart (Allemagne)

*Portrait du comte Saint-Genois
d'Anneaucourt,* 1927

Huile sur bois, 103 x 80,5 cm
Achat en 2000
AM 2000-4

Image singulière de la nouvelle
objectivité, le *Portrait du comte Saint-
Genois d'Anneaucourt* offre la vision
d'un monde qui vacille, celui de
l'entre-deux-guerres où l'aristocratie
allemande perd ses repères et s'enlise
dans ses contradictions. À l'instar

d'Otto Dix, Christian Schad peint
l'esprit de son temps, peut-être
moins violemment, ou du moins
avec plus de distance. Il n'empêche
que cet aristocrate, noctambule
célèbre, et ses acolytes de la nuit
respirent la déchéance, sociale, politique, sexuelle : chez Schad, la sexua-
lité est à cette époque un thème de
prédilection. Pris entre les couleurs
chaudes et froides des différents
plans, le comte semble ici indifférent
à ceux qui l'entourent.

Pierre Chareau

1883, Bordeaux (France) – 1950, East
Hampton (États-Unis)

La Religieuse, 1923

Fer forgé martelé et albâtre, 171 x 45 x 55 cm
Achat avec la participation de la Scaler
Foundation en 1995
AM 1995-1-46

L'architecte et décorateur français
Pierre Chareau, auteur de la célèbre
Maison de verre, à Paris, fut très
influencé par les cubistes. En
témoigne *La Religieuse*, une lampe
créée en 1923, qui se décline en trois
modèles (lampadaire, lampe de table
et liseuse). Composée d'un fût en
bois ou en fer forgé martelé et plié
par le ferronnier d'art Louis Dalbet,
elle porte à son sommet des cache-
ampoules en plaques triangulaires
d'albâtre qui rappellent les cornettes
des religieuses. Elle fut présentée
pour la première fois en 1925, à
l'Exposition internationale des arts
décoratifs à Paris.

Charlotte Perriand ◥

1903, Paris (France) – 1999, Paris (France)

Table extensible, 1927

Aluminium, acier chromé, caoutchouc
72 x 180 x 91 cm
Achat en 1994
AM 1994-1-302

Charlotte Perriand rencontre
Le Corbusier et Pierre Jeanneret
au Salon d'automne de 1927, où
elle présente sa table extensible.
Ce sera le début d'une longue
collaboration. Réalisée pour son
atelier de la place Saint-Sulpice,
cette table est composée d'un plateau
recouvert de caoutchouc noir et
d'un cadre extensible en aluminium
qui reposent, d'un côté, sur un caisson aligné contre le mur et à l'intérieur duquel est logé le roulement
à billes qui permet d'étendre la table
et, de l'autre, sur deux piétements,
dont le plus avant se déplace selon
l'étirement de la table. Il existe deux

modèles de cette table qui ne fut jamais éditée.

À partir de 1930, Charlotte Perriand fait partie du groupe fondateur de l'Union des artistes modernes.

les portes pour que l'espace de la toilette soit isolé du reste de la pièce, et qu'ainsi l'on puisse rester seul à tout moment.

Eileen Gray ➤

1878, Enniscorthy (Irlande) – 1976, Paris (France)

Armoire de toilette, 1927-1929

Structure en bois habillée de feuille d'aluminium, miroir, verre, liège
164 x 56 x 18 cm
Achat en 1992
AM 1992-1-6

Eileen Gray, designer britannique, conçut la maison qu'elle se fit construire sur la Côte d'Azur, ainsi que son mobilier. Cette armoire de salle de bains répond à la double exigence d'être pratique et confortable. Deux portes asymétriques découvrent un miroir intérieur, des étagères et des tiroirs. Les unes sont en verre et en bois, les autres, mobiles et pivotants, sont tapissés de liège afin de jouer du contraste entre les matières et entre les modes de rangement. Le souci d'indépendance est un autre aspect de la personnalité d'Eileen Gray que reflète ce meuble : il suffit d'en ouvrir plus largement

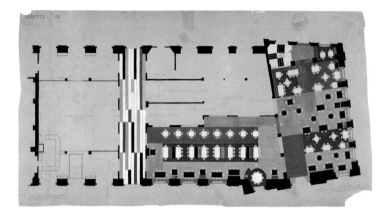

Theo van Doesburg

1883, Utrecht (Pays-Bas) – 1931, Davos (Suisse)

Projet pour l'Aubette :
plan du rez-de-chaussée, 1927

Encre de Chine, gouache, mine de plomb
sur tirage de plan d'architecte
52,9 x 98,7 cm
Donation de l'État néerlandais en 1986
AM 1987-1067

L'Aubette est un ancien corps de
garde de Strasbourg destiné en 1922
à être reconverti en restaurant-
cinéma-dancing. En 1926, ses pro-
priétaires font appel à Jean et Sophie
Arp, qui eux-mêmes s'adressent
à Theo van Doesburg, architecte
de formation, pour les aider dans
l'aménagement et la décoration de
l'ensemble. Disparu dix ans plus
tard, ce projet ambitieux de l'avant-
garde nous est notamment connu
par les dessins préfiguratifs de
Van Doesburg. Ils montrent combien
l'artiste cherche alors à attribuer aux
éléments aussi bien plastiques que
fonctionnels un aspect organique pur
et homogène.

Iakov Gueorguievitch Tchernikhov ◄

1889, Pavlograd (Ukraine) – 1951, Moscou
(ex-URSS)

Kompozitsiia 3 [Composition n° 3], 1933

Encre et gouache sur carton, 24 x 30 cm
Don d'Andreï Chernikhov et de Iakov
Chernikhov International Foundation, 1996
AM 1997-2-11

Quand il obtient son diplôme
d'architecte-peintre en 1925, Iakov
Gueirguievitch Tchernikov fonde
à Leningrad un laboratoire de formes
architecturales et de méthodes d'art
graphique expérimental, scientifique
et technique. Constructeur de bâtiments industriels, enseignant, il est
peu à peu mis au pas du réalisme
socialiste. Les nombreux recueils de
travaux d'architecture qu'il a laissés
montrent combien il sut faire la synthèse entre suprématisme, construc-
tivisme et futurisme. En témoigne
ce dessin issu de *Fantaisies architec-*
turales, un ensemble de 101 projets
visionnaires de plans de villes, de
gratte-ciel ou, comme ici, d'usines :
le tracé ôte toute pesanteur aux bâtiments, leur conférant une vie qu'ils
n'auront jamais connue.

Paul Klee

1879, Münchenbuchsee
(Suisse) – 1940, Locarno
(Suisse)

Rhythmisches
[En rythme], 1930
Huile sur toile
69,6 x 50,5 cm
Achat en 1984
AM 1984-356

Paul Klee poursuit
ses recherches sur la
forme au Bauhaus,
où il enseigne dès
1921. Il crée à cette
époque un système
complexe fait de
signes graphiques
aux connotations
symboliques.
[En rythme] en est
une illustration.

Enfermés dans un
échiquier mouvant,
une succession de car-
rés déformés variant
du noir au blanc rythment la composition picturale. Un rythme, toujours le même, qui ne s'altère qu'à
la quatrième ligne, telle une syncope
dans les accords d'un thème de jazz.

Klee traduit ainsi les tensions
dynamiques existantes, rendues
par l'emploi de trois non-couleurs,
de valeurs et de poids différents,
qui vibrent sur le fond ocre.

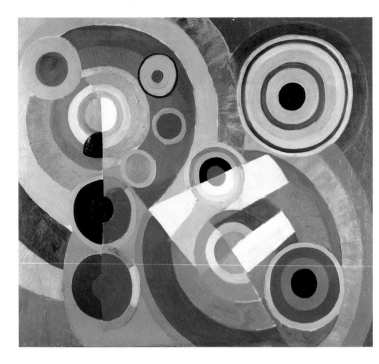

Robert Delaunay

1885, Paris (France) – 1941, Montpellier
(France)

Joie de vivre, 1930

Huile sur toile, 200 x 228 cm
Donation de Sonia Delaunay et Charles
Delaunay en 1964
AM 4083 P

À l'inverse d'autres abstraits, comme
ceux du Bauhaus et du Stijl, avec
lesquels il expose à cette époque,
Robert Delaunay exprime ici sa
Joie de vivre par un lyrisme libre
qui envahit la toile. En 1930, après
une période figurative, Delaunay
est revenu à l'abstraction et livre
ici un des tableaux majeurs de cette
période.

Comme dans ses œuvres d'avant-
guerre, il juxtapose des cercles constitués des quatre dernières couleurs
de l'arc-en-ciel (vert, jaune, orange,
rouge) : aucune ne se mélange,
même si parfois des taches d'une
même couleur voisinent dans deux
tons différents, un jeu déjà présent
dans certaines toiles de sa femme,
Sonia. Une composition où le déséquilibre est seulement apparent :
deux disques au noyau noir répondent à l'axe fort de gauche.

Salvador Dalí △

1904, Figueras (Espagne) – 1989, Cadaquès
(Espagne)

*Hallucination (partielle). Six images
de Lénine sur un piano*, 1931

Huile sur toile, 114 x 146 cm
Achat en 1938
AM 2909 P

Salvador Dalí, l'artiste le plus flam-
boyant du groupe surréaliste – dont
il fut pourtant exclu en 1938 –, déve-
loppa une relation très forte entre
peinture et images mentales, en mettant à jour les pulsions et les interdits
de l'inconscient.

Dans *Hallucination (partielle). Six
images de Lénine sur un piano*, il res-
titue une vision de demi-sommeil
où lui apparaît le portrait de Lénine
auréolé d'une flamme jaune. Des
motifs symboliques propres à l'artiste renforcent le tableau, notamment : la serviette-cape sur le dos

de l'inconnu, les cerises rouge translucide que l'on retrouve sur le bras-
sard de l'homme. Enfin, le piano,
déjà présent dans d'autres œuvres,
s'ouvre sur une partition mangée par
des fourmis. Dans le fond, une porte
est ouverte : rayonnant dans le lointain, une montagne semblable à un
totem de l'île de Pâques diffuse une
lumière étrange et surnaturelle.

Luis Buñuel ➤

1900, Calanda (Espagne) – 1983, Mexico
(Mexique)

L'Âge d'or, 1930

Film 35 mm noir et blanc, son ; durée : 63 min
Dation en 1989
AM 1989-F1128

Après le succès de leur premier film,
Un chien andalou (1929), Buñuel et
Dalí reçurent du vicomte Charles de
Noailles les moyens financiers pour
réaliser un film plus long, sonore,
dans des conditions proches de celles
de l'industrie cinématographique.

 L'Âge d'or reprend le thème déjà
développé dans *Un chien andalou* de
la pulsion sexuelle et desa frustration
permanente : il s'inscrit dans la pro-
blématique de l'amour fou, thème

surréaliste majeur des années 1930.
L'Âge d'or marque un tournant dans
le cinéma surréaliste, abandonnant
un onirisme de bon aloi au profit
de stratégies de télescopages offertes
par le découpage cinématographique.

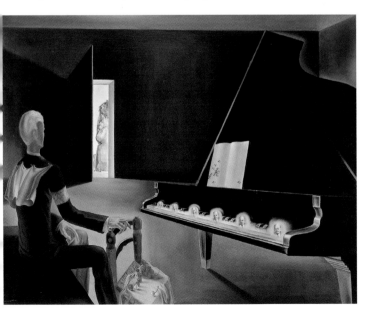

Brassaï

1899, Brasso (Hongrie) – 1984, Paris (France)

La Tour Saint-Jacques, vers 1932-1933

Épreuve aux sels d'argent, 29 x 22 cm
Achat avec la participation de la Commission
Nationale de la Photographie en 1994
AM 1994-36

Brassaï, né en Hongrie en 1899, rêve très tôt de partir vivre à Paris où il avait déjà séjourné enfant. Arrivé dans la capitale en 1924, c'est durant ses errances nocturnes qu'il commence à photographier : pour lui, « le photographe est un collectionneur [...] d'images en même temps que des moments d'émotion de sa vie ».

Pendant près de quarante ans, Brassaï ne cesse de regarder la ville et offre d'elle les visions les plus diverses, mais toujours ancrées dans le monde réel, « car rien n'est plus surréel », disait-il.

La Tour Saint-Jacques, qui a inspiré Breton et les surréalistes, surgit de la nuit, sa tête hors d'un échafaudage, comme un fanal terrestre veillant sur Paris.

Pierre Bonnard

1867, Fontenay-aux-Roses (France) – 1947,
Le Cannet (France)

Nu de dos à la toilette, 1934

Huile sur toile, 107,3 x 74 cm
Dation en 1989
AM 1989-561

Pierre Bonnard s'est avant tout inté-
ressé à la représentation du corps.
Marthe, sa femme, est devenue son
modèle unique, dont il a épié chacun
des gestes, des plus triviaux aux
plus intimes. Ce *Nu de dos à la toilette*,
qui a rejoint les collections en 1989,
porte en lui toutes les caractéristiques de l'œuvre de l'artiste. Le nu
qui se reflète dans un miroir altère
la charge de réalité du corps et de
son mouvement. La gamme des
couleurs, en particulier le jaune,
semblable à une poudre de safran,
dématérialise elle aussi la vision des
choses. Le nu se fond alors dans son
environnement et n'est perceptible
que dans l'or de la lumière extérieure
qu'absorbe le dos de Marthe.

Pablo Picasso

1881, Malaga (Espagne) – 1973, Mougins
(France)

Confidences, 1934

Peinture à la colle et papiers collés sur toile
194 x 170 cm
Donation de Marie Cuttoli en 1963
AM 4210 P

Confidences, œuvre de 1934, est le
carton d'une tapisserie qui sera tissée
la même année à Aubusson. Sa technique est composite puisqu'elle
utilise à la fois le collage, l'huile et
la gouache. Deux femmes de nature
très différente sont agenouillées l'une
face à l'autre. À gauche, la silhouette
d'un corps massif occupe la quasi-
totalité de la toile, surchargée de
matériaux qui la revêtent et l'empri-
sonnent. Son œil indiscernable, les
traits de son visage, l'attitude de
repli de ses bras ajoutent à l'impression d'enfermement. À droite, rejetée
au bord du cadre, une jeune femme,
toute blanche, entourée d'un simple
cerne noir, belle et nue, semble se
soumettre à celle qui lui fait face, se
livrant à des confidences, peut-être.

Pablo Picasso

1881, Malaga (Espagne) – 1973, Mougins
(France)

L'Aubade, 1942

Huile sur toile, 195 x 265 cm
Don de l'artiste en 1947
AM 2730 P

Ce tableau, considéré comme le
chef-d'œuvre de Picasso durant les
années d'Occupation, est une version
caricaturale des thèmes traditionnels
de la sérénade et de l'odalisque. Bien
que ses deux personnages soient
féminins, Picasso illustre moins ici
une situation lascive qu'il ne peint
l'enfermement et l'oppression. Les
rayures du parquet et de la couverture, les points de fuite de la perspective augmentent l'aspect carcéral
et claustrophobique de la scène.
Moins offerte que dépouillée, la
femme allongée semble morte sur
un lit de torture. Face à elle, sa gar-
dienne, aiguisée dans ses formes tel
un couteau, tient sa mandoline
comme on tient une matraque. Enfin,
l'opposition de couleurs sombres et
stridentes renforce encore l'impression générale de malaise.

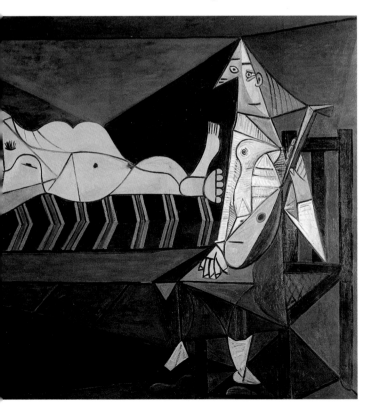

Balthus

1908, Paris (France) – 2001, Rossinière (Suisse)

Alice, 1933

Huile sur toile, 162,3 x 112 cm
Achat avec l'aide du Fonds du Patrimoine
en 1995
AM 1995-205

Balthus a affirmé très jeune un style
délibérément figuratif, proche dans
sa couleur et ses traits de la peinture
de la Renaissance. La dimension
onirique de son œuvre, très inspirée
par le monde de l'enfance et de
l'adolescence, le rapproche des surréalistes. Pourtant, c'est hors de tout
mouvement qu'il a touché le public
parisien, dès sa première exposition,
en 1934, et a conquis très progressivement une renommée mondiale.

Alice est une de ses œuvres
emblématiques où l'opposition entre

un décor effacé et la sensualité de la
jeune fille en renforce la présence
provocatrice : yeux évidés, elle offre
son sein, révèle son sexe, caresse ses
cheveux plus qu'elle ne les coiffe.

Julio González ◀

1876, Barcelone (Espagne) – 1942, Arcueil
(France)

Femme se coiffant I, vers 1931

Fer forgé, 168,5 x 54 x 27 cm
Don de Roberta González en 1953
AM 951 S

Relativement méconnu, Julio González est le père de la sculpture en fer :
sa technique et sa vision plastique
ont révolutionné l'art du XXe siècle.
Arrivé d'Espagne à Paris en 1900, il
découvre en 1918 la soudure auto-
gène, qui deviendra essentielle à son

œuvre. Ami de Picasso, il collabore avec lui entre 1928 et 1931 et en retire une plus grande liberté formelle.

C'est avec *Femme se coiffant I* qu'apparaît en 1931 la véritable originalité de González. Chacun des plans de l'œuvre renvoie à un élément constitutif de la figure représentée, réinterprétée grâce au travail du fer. Selon la volonté de l'artiste, les surfaces sont traitées de telle façon qu'aucune n'en masque une autre.

Victor Brauner ▼

1903, Piatra Neamt (Roumanie) – 1966, Paris (France)

Force de concentration de Monsieur K., 1934

Huile sur toile, celluloïd, papier, fil de fer
148,5 x 295 cm
Achat en 1991
AM 1991-47

Le Musée possède un fonds très important de cet artiste trop méconnu, longtemps compagnon de route des surréalistes, et dont l'œuvre s'est moins soumise à la revendication d'un style qu'à la force de l'inspiration. Victor Brauner, né en Roumanie, a vécu la seconde partie de sa vie en France. Il y a peint *Force de concentration de Monsieur K.* lors de son premier séjour. M. K. est un personnage récurrent chez Victor Brauner, un parangon de la bêtise humaine, inféodé aux diktats fascistes. Dans ce diptyque qui n'en est pas un, M. K. et son double sont l'expression duelle d'un même archétype.

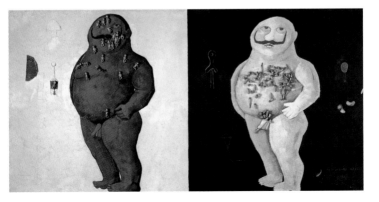

Fernand Léger

1881, Argentan (France) – 1955, Gif-sur-Yvette (France)

Composition aux deux perroquets, 1935-1939

Huile sur toile, 400 x 480 cm
Don de l'artiste en 1953
AM 3026 P

René Magritte ▼

1898, Lessines (Belgique) – 1967, Bruxelles (Belgique)

Les Marches de l'été, 1938

Huile sur toile
60 x 73 cm
Achat en 1991
AM 1991-138

Les ouvriers, le monde de l'industrie, des congés payés… ces thèmes sont omniprésents dans les œuvres de Fernand Léger à son retour des États-Unis, après la guerre, même s'il les avait abordés dès les années 1930 dans des toiles monumentales où la figure humaine était magnifiée.

Occupant presque toute la surface de la toile, massifs et doux, entre arabesques et hiératisme, les personnages de *Composition aux deux perroquets* semblent répondre aux piliers et aux nuages qui les entourent. Ce tableau monumental a donné lieu à de nombreuses études, et le peintre y voyait lui-même l'une de ses œuvres les plus abouties.

René Magritte a développé une œuvre surréaliste originale en dépit de ses relations mouvementées avec le groupe d'André Breton. En 1938, alors qu'il s'attache à résoudre les « problèmes » que lui pose l'évocation poétique de certains objets (le verre, le parapluie…), il peint *Les Marches de l'été,* une réflexion sur les rapports qu'entretiennent l'art et la mesure. La Grèce antique a figé les canons de la beauté en s'appuyant sur un principe mathématique puis, avec le même esprit de rationalité, la Renaissance italienne a inventé la perspective. Le peintre belge réinterprète ces mythes fondateurs en les inversant : l'anatomie est recomposée à partir de canons disparates et la perspective est réinventée par la confrontation de nuages et de cubes de ciel.

Henri Cartier-Bresson ◄
1908, Chanteloup-en-Brie (France)

Dans la calle Cuauhtemoctzin à Mexico,
1934
Épreuve aux sels d'argent
39,7 x 29,4 cm
Achat en 1990
AM 1990-140

Après avoir étudié la peinture
dans l'atelier d'André Lhote
en 1927 et 1928, Henri Cartier-
Bresson s'achète en 1931 un Leica
qu'il ne quittera plus. Il parcourt
le monde, s'attachant à saisir « le
moment décisif » dans des photographies qu'il ne recadre jamais
au tirage, où priment la composition et la géométrie. Il participe à
la fondation de l'agence Magnum
en 1947, après avoir aussi réalisé
plusieurs courts métrages. À
cette époque, son nom était déjà
mythique puisque, le croyant disparu, le MoMA lui consacra une
rétrospective posthume. Depuis,
les expositions importantes ne
cessent de se succéder à travers
le monde.

   L'œuvre *Dans la calle Cuauhtemoctzin à Mexico* – un de ses

premiers clichés – représente une
prostituée mexicaine penchée par
la trappe de son volet, comme un
passe-muraille. Maître de la composition, Cartier-Bresson rappelle à
propos de cette photo combien il est
nécessaire de « situer son appareil
dans l'espace par rapport à l'objet ».

Minotaure

Sixième année, mai 1939,
n° 12-13
Couverture : André Masson
Albert Skira éditeur, Paris
Revue artistique et littéraire
Directeur : Albert Skira
Comité de rédaction :
André Breton, Maurice Heine,
Pierre Mabille
32 x 32 cm
Documentation du Mnam-CCI

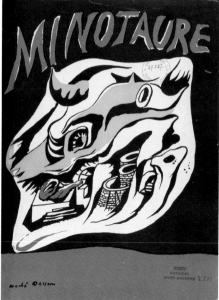

Fondée par Albert Skira, la revue *Minotaure* a paru de juin 1933 à mai 1939 : 13 numéros en 11 livraisons. Les couvertures en ont été successivement conçues par Picasso, Gaston-Louis Roux, Derain, Borès, Duchamp, Miró, Dalí, Matisse, Magritte, Ernst, Masson. Poésie, arts plastiques, musique, architecture, ethnographie et mythologie, spectacles, études et observations psychanalytiques sont au sommaire. Avec la collaboration d'André Breton et celle de Paul Éluard dès le n° 3-4, la revue devient, et demeure, emblématique du mouvement surréaliste.

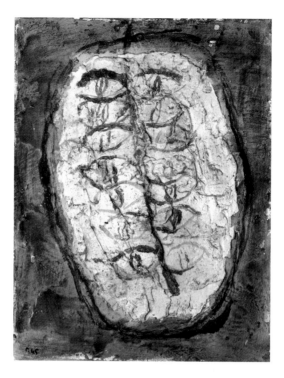

Hans Bellmer

1902, Katowice (Pologne) – 1975, Paris
(France)

Die Puppe [La Poupée], 1949

Épreuve aux sels d'argent coloriée, 101 x 101 cm
Donation de Daniel Cordier en 1989
AM 1989-221

Né en Silésie en 1902, Hans Bellmer
rompt très tôt avec la société allemande. Il arrête ses études d'ingénieur, mène la vie de bohème à
Berlin, puis, en 1933, quitte sa famille
et l'entreprise de publicité qu'il avait
fondée. Et, pour « ne rien faire qui
puisse être utile à l'État », il décide
de construire une poupée « membre
à membre » (H. Bellmer). Des assemblages violents et irréels qu'il photographie au début pour documenter
son travail de sculpteur, clichés
qui acquièrent peu à peu le statut
d'œuvre à part entière.

Ici, la poupée assemble deux
paires de jambes autour d'un ventre
en forme de boule. Elle est photo-
graphiée dressée contre un arbre
derrière lequel un homme l'épie.

Jean Fautrier

1898, Paris (France) – 1964, Châtenay-
Malabry (France)

Tête d'otage, 1945

Huile sur papier marouflé sur toile, 35 x 27 cm
Achat en 2001
AM 2001-35

Cette *Tête d'otage* appartient à
l'ensemble de 50 œuvres que Jean
Fautrier présenta en 1945 à Paris
lors de l'exposition « Les Otages »,
qui fit date. C'est une œuvre de
guerre, un hommage à ses martyrs
en même temps qu'un cri de dénon-
ciation contre les exécutions som-
maires. La technique employée
(mixture de blanc d'Espagne,
d'huile, d'aquarelle, d'encre, de
colle et de pigments) révèle avec
acuité la terreur exprimée par
la tête. Elle engendre aussi l'effroi
chez celui qui la regarde, tant la
fragilité du trait s'oppose à la violence de l'ensemble. Témoignage
intemporel, les Têtes d'otages de
Fautrier surgissent du fond d'une
nuit d'horreur.

Roberto Matta

1911, Santiago (Chili)

Les Délits, vers 1941-1942

Crayon et pastels à la cire sur papier
57,2 x 72,7 cm
Achat en 1985
AM 1985-44

Échappant à toute classification,
Roberto Matta, peintre français d'origine chilienne, fait à de nombreux
égards le lien entre le surréalisme
français et l'abstraction
américaine. En 1938,
Duchamp affirmait déjà
qu'il avait découvert
« des régions de l'espace
jusqu'alors inexplorées
de l'art ». *Les Délits* appartient à une série de des-
sins de 1940-1944 qui
porte, à travers le thème
du conflit, l'œuvre à venir.
Ces figurations, peintes
ou dessinées, de corps et
d'espaces en mutation
font état de combats
visionnaires où s'affron-
tent plaisir et violence
sexuelle, vie et mort.
Mêlé à la pointe sèche du
crayon graphite, le crayon
de cire rouge traduit
admirablement le flux
violent auquel sont
soumises ces fictions.

Antonin Artaud ▼

1896, Marseille (France) – 1948, Ivry-sur-Seine
(France)

Portrait de Jany de Ruy, 1947

Crayon et craies de couleur sur papier, 65 x 50 cm
Achat en 1987
AM 1987-554

L'œuvre dessiné d'Antonin Artaud –
« insurgé de l'art », longtemps
interné en asile psychiatrique –
est en grande partie conservé au

Jean Dubuffet

1901, Le Havre (France) – 1985, Paris (France)

Dhôtel nuancé d'abricot, 1947

Huile sur toile, 116 x 89 cm
Achat avec la participation de la Scaler
Foundation en 1981
AM 1981-501

Mnam-CCI, qui en a régulièrement présenté les acquisitions successives. Ces dessins, qui s'apparentent par certains aspects à ceux de Michaux, Dubuffet ou Giacometti, ont une force qui va au-delà de la nécessité de créer, ils sont une révolte du corps et de l'esprit dépossédés d'eux-mêmes, une tentative de réintégration d'une identité dévastée.

Dans le *Portrait de Jany de Ruy*, écriture et dessin agissent de pair : un flux continu d'inscriptions envahit l'espace comme pour conjurer un sort, un visage entièrement recouvert de nodosités et de motifs symboliques est rehaussé d'un trait de craie bleue, comme si cette tête de jeune femme venait consumer l'écriture ou comme si elle s'en extirpait.

Ce tableau est l'un des derniers d'une série de portraits d'amis peintres et écrivains que Dubuffet fit de 1946 à 1947. Il utilise le nouveau langage proche des graffitis que l'artiste élabore dès 1942. Refusant tout système culturel, Dubuffet est sensible au « primitivisme » et cherche à peindre des portraits d'où la psychologie et l'individualité sont exclus. *Dhôtel nuancé d'abricot* est un portrait à la fois effrayant et sensuel. De prime abord, le trait semble enfantin, mais ce visage décharné est celui d'un cadavre. La matière de la peinture évoque une scarification où le couteau pénètre au plus loin l'épaisseur comme il le ferait d'une peau.

Robert Doisneau ⋏

1912, Gentilly (France) – 1994, Paris (France)

Danse pour les vingt ans de Josette, 1945

Épreuve aux sels d'argent, 29,7 x 39,1 cm
Achat en 1989
AM 1989-40

Robert Doisneau est le tenant d'une
photographie humaniste, attentif
à la vie des petites gens saisies dans
des situations parfois mises en scène
par l'artiste.

En 1932, il publie pour la première
fois ses images. En 1948, c'est son
œuvre qui est la mieux représentée
lors d'une exposition au MoMA sur
la photographie française. Même
s'il a produit l'essentiel des photographies qui l'ont rendu célèbre
entre 1945 et 1960, il a promené
durant plus de soixante ans son œil
vif et sensible sur les gens, notamment dans la banlieue parisienne
dont il était originaire. Au-delà de
l'impression de fête et de joie
qui se dégage de *Danse pour les
vingt ans de Josette*, Doisneau
témoigne d'un milieu social.
Une farandole, certes, mais sur
un talus entre le chemin de fer
et une barre d'immeubles.

Gisèle Freund

1912, Berlin (Allemagne) – 2000, Paris
(France)

Pierre Bonnard, Le Cannet, 1946

Épreuve couleur sur papier kodak
36 x 27 cm
Donation de l'artiste en 1992
AM 1992-196

Gisèle Freund, jeune bourgeoise
berlinoise, s'intéresse tôt à la
photographie. En 1933, elle
s'exile à Paris et découvre la
couleur. De 1938 à 1940, elle
fait de nombreux portraits.
Fuyant la France en 1940, elle

commence une longue série de
reportages en Amérique du Sud
pour des magazines européens et
américains. Elle revient vivre à Paris
après-guerre.

C'est alors qu'elle fait le portrait
de Pierre Bonnard, au Cannet. Un
homme vieilli, le regard perdu, sans
fard ni mise en scène, qui rappelle
combien pour Freund « le rôle d'un
bon photographe est d'être l'instrument sensible grâce auquel une personnalité se révèle ».

Henri Laurens ⋀

1885, Paris (France) – 1954, Paris (France)

Le Matin, 1944

Bronze, 118 x 123 x 118 cm
Donation de Claude Laurens en 1967
AM 1618 S

Ami de Braque, Henri Laurens fait
la connaissance de Picasso et de
Léger en 1911. Un temps séduit par
le cubisme, il s'ingénie à adapter
au volume les règles cubistes.
Puis, les formes deviennent plus
identifiables, des rondeurs à la
Maillol réapparaissent, le thème de
la femme est omniprésent. À partir
de 1939, l'évolution se poursuit :
les volumes sont désormais plus
renflés, et la figure humaine, plus
libre d'interprétation. La guerre
venant, Laurens produit une œuvre
assombrie, dont le dynamisme
semble brisé. Le Matin, de 1944,
peut évoquer un certain renouveau.
La sculpture semble néanmoins
encore empreinte du poids qui
empêche cette femme de se relever
tout à fait.

Wols

1913, Berlin (Allemagne) – 1951, Paris (France)

Aile de papillon, 1947

Huile sur toile, 55 x 46 cm
Don de René de Montaigu en 1979
AM 1979-255

L'œuvre de Wols glisse « vers un entremonde où l'imaginaire et le réel cessent d'être contradictoires » (W. Haftmann). Ainsi d'*Aile de papillon*, symbole de fragilité et d'éphémère, qui reste floue même sous la loupe : des accents noirs, traces sombres de pinceau, griffent les délicates taches colorées et la matière très subtile du fond, d'où surgissent quelques zones rouges. La vision est angoissée, malgré le titre qui suggère la légèreté d'un envol. Ce dialogue entre destruction et construction de la surface picturale reflète avec une précision extrême l'âme tourmentée de Wols. L'artiste explore par la peinture, la photographie et la poésie « ce tout petit monde (papillon, cheval, cafard, violon, etc.) qu'il subit du dedans et qui lui inflige son somnambulisme » (J.-P. Sartre).

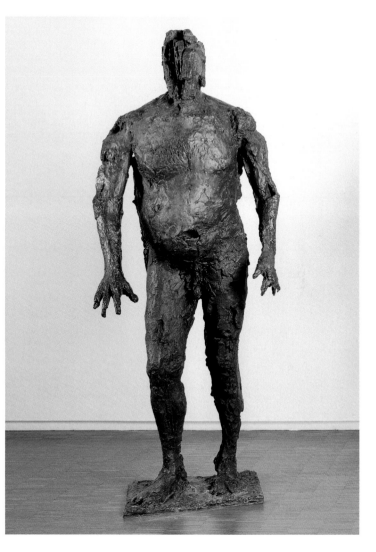

Germaine Richier

1904, Grans (France) – 1959, Montpellier
(France)

L'Orage, 1947-1948

Bronze, 200 x 80 x 52 cm
Achat en 1949
AM 887 S

Germaine Richier s'est imposée dès
la fin de la Seconde Guerre mondiale
comme l'un des grands sculpteurs
français du XXe siècle. Son œuvre
importante ne couvre pourtant
qu'une courte période, de 1945
à 1959. Une longue phase de matura-
tion l'avait précédée, qui amène l'artiste à une vision du corps humain
quasi expressionniste.

    L'Orage, qui possède son pendant
féminin, *L'Ouragane,* incarne une
force naturelle, brute, dont tout
esthétisme est banni : elle suggère
ainsi un rapprochement entre la
chair humaine et « des écorces,
des roches, des faits botaniques ou
géographiques » (J. Dubuffet).

Carlo Mollino

1905, Turin (Italie) – 1973, Turin (Italie)

Bureau, 1950

Contreplaqué, verre, bois
78 x 205 x 94 cm
Achat en 1998
AM 1998-1-3

Le designer italien Carlo Mollino débute sa carrière avec l'aménagement intérieur de maisons dont il dessine le mobilier, des éléments biomorphiques qu'il fait réaliser à l'unité. Dans les années 1950, il s'intéresse au contreplaqué moulé, matériau qui permet de respecter au mieux le dessin et confère au meuble l'animalité voulue par son créateur. Avec ce bureau, à la fois aérien et ancré au sol, Mollino pousse à l'extrême la recherche de l'équilibre d'une structure évidée. À droite, le caisson de tiroirs renforce cette impression, tant, malgré sa masse, il semble suspendu dans le vide. Le plateau en verre transparent, presque un simple tracé, serait inspiré d'un dos de femme dessiné par Léonor Fini.

Antoine Pevsner

1884, Klimovitchi (Russie) – 1962, Paris
(France)

Monde, 1947

Tiges de laiton brasées et patinées
75 x 60 x 57 cm
Don de Mme Pevsner en 1964
AM 1422 S

Anton Pevsner a produit des peintures à caractère géométrique, des constructions dans des matériaux transparents, puis travaillées avec de fines lamelles de métal soudées entre elles. *Monde*, qui appartient à cette dernière période, occupe une place particulière dans l'œuvre de cet artiste. Contrairement à ses habitudes, il l'a conçu avec maquette et dessins préparatoires.

Les soudures des fils de métal de *Monde* forment de larges surfaces, que Pevsner fait ensuite s'enchevêtrer pour obtenir un effet de continuité. Oxydées et recouvertes d'un enduit, elles révèlent à la lumière les reflets et les ombres de leurs courbes. *Monde* est l'image d'un univers concentré sur lui-même et ouvert sur son propre espace.

Jesús-Rafael Soto

1923, Ciudad Bolivar (Venezuela)

Rotation, 1952

Huile sur contreplaqué, 100,5 x 100 x 7,5 cm
Achat en 1980
AM 1980-529

Artiste vénézuelien, Jesús Rafael
Soto arrive à Paris en 1950. Il se
passionne alors pour les artistes
du Bauhaus, Mondrian et Malevitch.
Il expose un an plus tard au Salon
des réalités nouvelles et y rencontre
Tinguely et Agam. En 1955, il participe avec eux à l'exposition « Le
Mouvement » qu'organise la galerie
Denise René. Le cinétisme est né,
dont Soto va devenir l'une des plus
grandes figures.

Rotation fait partie des premières
œuvres de l'artiste. S'inscrivant dans
la série des « Répétitions », qui fonde
le système créatif de l'artiste, ce
tableau est composé comme une
partition musicale aléatoire, où la
rencontre alternée de carrés et de
traits produit l'illusion d'un mouvement giratoire.

Piet Mondrian

1872, Amersfoort (Pays-Bas) – 1944,
New York (États-Unis)

New York City 1, 1942

Huile sur toile, 119,3 x 114,2 cm
Achat avec le concours de la Scaler
Foundation en 1984
AM 1984-352

Très loin de ses œuvres plus austères
des années parisiennes, Mondrian,
dès lors new-yorkais, est séduit par
les contrastes, la vitalité, le jazz qui
imprègnent la vie de Manhattan.

À l'ascèse de sa période néoplastique
succèdent donc le rythme et la
lumière de ses bandes de couleur
(peintes ou tracées à l'aide de rubans
adhésifs) dont la géométrie exalte
une « vitalité à l'état pur ». Il n'empêche que Mondrian reste persuadé
que « l'art disparaîtra à mesure que
la vie aura plus d'équilibre. […]
Nous n'aurons plus besoin de peintures et de sculptures, car nous
vivrons au milieu de l'art réalisé ».
Il meurt en 1944.

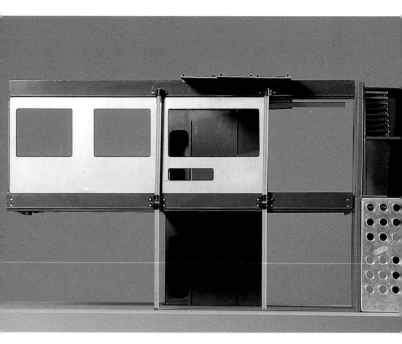

Jean Prouvé

1901, Paris (France) – 1984, Nancy (France)

Immeuble industrialisé, 1951

Maquette d'une travée
Métal et bois, 90 x 130 x 90 cm
Dépôt de la famille Prouvé
AM 1992-1-dép(27)

Plus qu'un architecte, Jean Prouvé est un ingénieur-constructeur dont toute la carrière a été tournée vers la réalisation de maisons, de meubles et de structures préfabriqués. Des techniques qu'il adapte à la construction d'un aéroclub à Buc, de la maison du peuple de Clichy et de 800 logements pour les sinistrés de Lorraine et des Vosges, après-guerre. Passionné par la question de l'industrialisation du bâtiment, il part du principe qu'il faut composer un immeuble avec le moins d'éléments possible, chacun ayant un rôle structurel bien défini, ce qui permet la constitution d'un ensemble organique. Ce projet ne vit jamais le jour.

Le Corbusier
(Charles Edouard Jeanneret, dit)

1887, La Chaux-de-Fonds (Suisse) –
1965, Roquebrune-Cap-Martin (France)

Unité d'habitation, Berlin-Tiergarten,
1957-1958

Maquette
Bois et matériaux divers, 45 x 90 x 122 cm
Achat en 1994
AM 1994-1-1

Charles-Édouard Jeanneret, dit Le
Corbusier, est l'architecte le plus
célèbre et le plus méconnu du XXᵉ
siècle. Après plusieurs voyages de
formation, il se fixe à Paris en 1917.
Soucieux de s'intégrer à une société
vouée au machinisme, il impose
rapidement un style fonctionnaliste,
lié aux courants artistiques de
l'époque. Ses réalisations concernent
aussi bien une église en France que
des édifices administratifs en Inde.

En 1956, il est invité par la Ville
de Berlin à construire une unité
d'habitation qui, comme à Marseille
et Rezé-les-Nantes, permettrait à
400 familles d'y vivre en autarcie.
Le projet berlinois est le plus abouti.
Mais les directives du Corbusier ne
seront pas respectées, provoquant sa
fureur, et vouant le bâtiment à une
détérioration précoce.

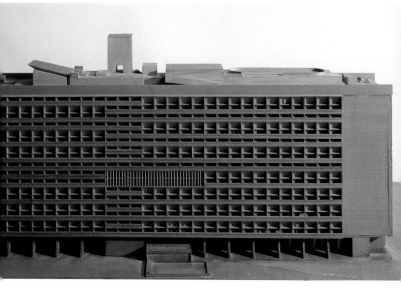

Alexander Calder

1898, Philadelphie (États-Unis) – 1976,
New York (États-Unis)

Mobile sur deux plans, vers 1955

Tôle d'aluminium et fils d'acier peints
200 x 120 x 110 cm
Don de l'artiste en 1966
AM 1514 S

Artiste de la fusion entre le mouvement et la sculpture, la légèreté et
l'immobilité, Alexander Calder crée,
à partir des années 1950, des mobiles
dont les éléments triangulaires évoquent des formes végétales, alors
que les couleurs primaires et le noir

et blanc répondent à des exigences
exclusivement plastiques. Jeu sur les
lois d'équilibre et l'inscription dans
l'espace, cette œuvre fait partie des
mobiles éoliens qui se meuvent grâce
à des plaques métalliques offrant une
résistance au vent.

La volonté d'explorer les possibilités du mouvement dans la sculpture est née d'une rencontre avec
Mondrian dans les années 1930.
Ingénieur de formation, Calder
connaît les lois mécaniques et
modèle avec génie le mouvement,
comme il le ferait de n'importe quel
matériau.

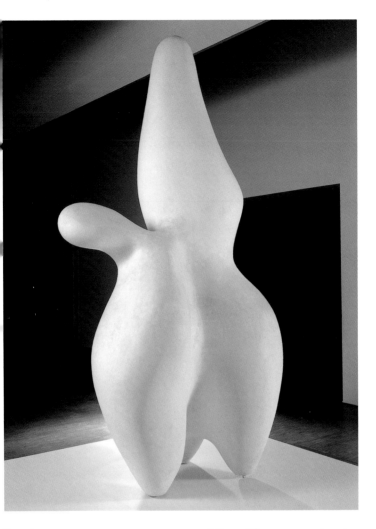

Jean Arp

1886, Strasbourg (France) – 1966, Bâle (Suisse)

Berger des nuages, 1953
Plâtre, 320 x 123 x 220 cm
Don de l'artiste en 1963
AM 1344 S

Jean Arp, de double nationalité française et allemande, a appartenu à la fois au dadaïsme zurichois et à l'avant-garde parisienne. Familier de Tzara, Ernst, Schwitters, il se fixe en 1929 à Meudon avec sa femme, l'artiste suisse Sophie Taeuber. Il nomme lui-même « art concret » sa recherche qui associe abstraction et surréalisme. Dès 1933 apparaissent ses premières sculptures en ronde-bosse, qui se posent – par opposition à ses reliefs en bois, qui s'accrochent.

Berger des nuages est l'une de ces formes d'art concret, Arp renouvelant ainsi la statuaire naturaliste. C'est une ronde-bosse organique, une forme molle, une sculpture anthropomorphe qui vient contrecarrer la rigueur des pièces abstraites. Elle évoque un bourgeon, une fleur, une membrane vivante.

Henri Matisse

1869, Le Cateau-Cambrésis (France) –
1954, Nice (France)

Jazz, 1947

Livre illustré
Éditions Tériade, Paris
164 p. ; 42 cm
Documentation du Mnam-CCI

Publié avec grand soin par
l'éditeur Tériade en 1947, *Jazz*
a été élaboré entre 1943 et 1946.
Ce livre est la première réalisation d'importance de Matisse
à partir de papiers gouachés et
découpés, technique qu'il utilise
durant la dernière décennie de
sa vie, et qu'il estime être un
aboutissement, puisque « au
lieu de dessiner le contour et
d'y installer la couleur – l'un
modifiant l'autre – [il] dessine
directement dans la couleur ».
L'idée d'écrire lui-même un texte
et d'en reproduire les pages en
fac-similé ne lui est venue qu'en
1946.

Henri Matisse

1869, Le Cateau-Cambrésis (France) –
1954, Nice (France)

La Tristesse du roi, 1952

Papiers gouachés, découpés, marouflés
sur toile, 292 x 386 cm
Achat en 1954
AM 3279 P

Ce tableau, peut-être d'inspiration biblique, est le regard nostalgique d'un vieil homme sur ce qu'il a aimé : la musique, la danse et la poésie, des thèmes récurrents dans l'œuvre de Matisse. On peut y voir la figure d'un vieux roi arc-bouté sur sa guitare, jouant pour une jeune danseuse vêtue de blanc. Celle-ci, prise dans un mouvement qui la fait s'envoler vers l'extérieur du tableau, se penche en même temps tendrement vers le personnage central.

L'artiste parvient ici à l'apogée de sa maîtrise de la technique de la gouache découpée : des feuilles préalablement recouvertes de couleur qu'il découpe et fixe sur le support une fois leur position jugée satisfaisante.

**Raymond Hains,
Jacques Mahé de la Villeglé**

1926, Saint-Brieuc (France)
et 1926, Quimper (France)

Ach Alma Manetro, 1949

Affiches lacérées collées sur papier marouflé
sur toile, 58 x 256 cm
Achat en 1987
AM 1987-938

Raymond Hains et Jacques de la
Villeglé se sont rencontrés à l'école
des beaux-arts de Rennes, en 1945.
Leur collaboration devient de plus
en plus étroite à partir de 1950,
quand ils pratiquent le décollage
d'affiches, la photographie et le
cinéma. Leur première exposition
commune aura lieu en 1957.

Ach Alma Manetro, affiche lacérée
décollée à quatre mains, leur « tapisserie de Bayeux », date de 1949.
Une œuvre qui est avant tout le fruit
de lacérations de milliers de mains
anonymes, et à laquelle l'artiste
n'ajoute rien de sa composition.
Il ne s'agit plus de création, mais
d'invention. Selon Villeglé, qui utili-
sera ce procédé tout au long de sa
carrière, l'artiste est ici un collectionneur.

Willem De Kooning ➤

1904, Rotterdam (Pays-Bas) – 1997,
East Hampton (États-Unis)

Woman [Femme], vers 1952

Fusain et pastel sur 2 papiers collés sur
papier, 74 x 50 cm
Achat en 1971
AM 1976-946

Le dessin, pour cet Américain d'origine hollandaise proche de Léger
et Picasso, est intimement lié à la
peinture : « Je dessine en peignant
et je ne sais pas la différence entre
peindre et dessiner. » Cette ébauche
colorée fait ainsi partie du célèbre
cycle peint des [Femmes], entamé au
début des années 1950. Chromatisme
violent, énergie expressive des tracés,
morphologie corporelle démesurée et
grotesque caractérisent ces « idoles ».

Des formes suggérées à grands
traits de fusain, brouillées par re-
couvrement, découpage, report
montrent que la destruction est
également création de formes. Ici,
le personnage, scindé en deux parties
puis réassemblé, laisse voir un vide
qui, devenu partie intégrante du dessin, pose la question de la figuration.

Sam Francis

1923, San Mateo (États-Unis) – 1994,
Santa Monica (États-Unis)

In Lovely Blueness, 1955-1957

Huile sur toile, 300 x 700 cm
Don de la Scaler Foundation
avec la contribution de Sylvie
et Éric Boissonnas en 1977
AM 1977-207

Cette toile de Sam Francis est importante à plus d'un titre. Par ses
dimensions, d'abord : elle est l'une
des plus grandes que Francis ait
peintes lorsqu'il séjournait à Paris,
un format panoramique révélant
l'influence conjuguée de Monet et
de Matisse. Mais elle marque aussi
une transition dans l'œuvre du
peintre : désormais, les cellules colorées imbriquées les unes dans les
autres éclatent en nuages, dont les
contours sont plus ou moins précis.
Cette toile est à l'image du poème
de Hölderlin, duquel elle tire son
titre : « Si simples sont les images,
si saintes / Que parfois on a peur,
en vérité / Elles, ici, de les décrire. »

Jackson Pollock ➤

1912, Cody (États-Unis) – 1956,
Southampton (États-Unis)

The Deep, 1953

Peinture sur toile, 220,4 x 150,2 cm
Don des enfants de Jean de Menil
et de la Menil Foundation en 1976
AM 1976-1230

En 1951, Jackson Pollock interrompt
momentanément la production
de ses *drippings*, tableaux abstraits
aux couleurs projetées sur la toile à
l'aide d'un bâton, et revient à une
technique née cinq ans auparavant.
Il verse à la seringue un noir très
liquide sur le blanc. La forme et le
fond semblent à nouveau distincts :
l'obscurité ouvre alors un espace
au-delà de la surface. L'illusion
d'une profondeur devient le centre
de la toile et sonne comme un rappel
des doutes qui assaillaient encore
Pollock à propos de son processus
créatif à la fin de sa vie.

Nicolas de Staël

1914, Saint-Petersbourg (Russie) – 1955, Antibes (France)

Les Musiciens, souvenir de Sidney Bechet, 1953

Huile sur toile, 161,9 x 114,2 cm
Dation en 1982
AM 1982-263

Ayant délaissé l'abstraction pour explorer l'ambitieuse question du passage entre sujet d'un tableau et le tableau comme seul sujet, Nicolas de Staël va ici plus avant dans la figuration. *Les Musiciens*, inspiré par un concert de Sydney Bechet, exprime, avec ses larges nappes verticales, ses couleurs vives et ses touches centrales appuyées, l'étendue diffuse du son en même temps que la nervosité du rythme musical. La musique a joué un rôle essentiel dans la vie et l'œuvre de Staël, jusqu'à sa dernière toile, inachevée, intitulée *Le Concert*.

Alberto Giacometti

1901, Stampa (Suisse) – 1966, Coire (Suisse)

Femme de Venise V, 1956

Bronze, 110,5 x 31,3 x 14 cm
Dation en 1991
AM 1991-301

C'est à partir de 1945 qu'Alberto Giacometti crée des personnages fins et immobiles, « érodés par l'espace et la lumière environnants ». D'abord de petites dimensions, ils atteignent une taille humaine à partir de 1956. Ainsi des neuf *Femmes de Venise*, sculptées aux trois quarts de l'échelle réelle. Parmi elles, *Femme de Venise V* semble correspondre à une transition entre deux manières. Dans les premières *Femmes*, Giacometti traite ses personnages en un seul volume. Ici, même si c'est encore le cas, la tête et les bras se séparent du corps. Plus tard, les corps seront de plus en plus étirés, et des détails – la chevelure, notamment – feront leur apparition.

Dado

1933, Cetinjie (Montenegro)

Triomphe de la mort, 1955

Encres de Chine sur papier
40 x 29,2 cm
Donation de Daniel Cordier
en 1983
AM 1983-149

Arrivé à Paris en 1956
de sa Yougoslavie natale,
Dado y est très vite
remarqué par Dubuffet,
puis par le galeriste et
collectionneur Daniel
Cordier. Marqué par la
violence d'un monde
coupé en deux par la
guerre froide, Dado garde
malgré tout la fraîcheur
du regard de sa jeunesse.
Il offre dans ses premiers
cartons la vision d'un
univers issu de l'enfance
où s'affrontent l'horreur
et le merveilleux.

Triomphe de la mort fait partie des
premiers dessins exécutés avant que
Dado ne fasse le voyage de Paris.
On y trouve rassemblés pêle-mêle :
une éolienne-hélice d'avion, un
dé-témoin du sort du monde, une
poupée éviscérée et ces jouets de
guerre qui excitent si savamment
la cruauté naturelle des enfants.

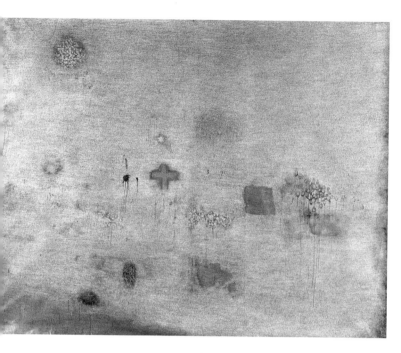

Simon Hantaï

1922, Bia (Hongrie)

Peinture (Écriture rose), 1958-1959

Encres de couleur, feuilles d'or sur toile de lin
329,5 x 424,5 cm
Don de l'artiste en 1985
AM 1984-783

Simon Hantaï est arrivé de Budapest
à Paris en 1949. Ses premières
œuvres expérimentales l'amènent
à se lier un temps aux surréalistes,
puis il se tourne vers l'expressionnisme abstrait, avant d'introduire
en 1960 sa technique de pliage,
à laquelle il est resté fidèle. Entre
les deux, en 1958-1959, une œuvre
charnière et essentielle, *Peinture
(Écriture rose)*. Parsemée des signes
déjà présents dans ses tableaux
précédents (croix, taches…), elle est
surtout recouverte d'écritures tout
juste lisibles, copies au jour le jour
de textes de l'année liturgique et
issus de lectures philosophiques.
C'est une œuvre exceptionnelle
représentant la volonté du peintre
de ne jamais cesser de peindre.

Henri Michaux

1899, Namur (Belgique) – 1984, Paris (France)

[Sans titre], 1959

Encre de Chine sur papier, 74 x 105 cm
Donation de Daniel Cordier en 1976
AM 1976-1184

Le poète et peintre Henri Michaux
développe à la fin des années 1950
une série d'expériences créatrices
liées à la prise de substances hallu-
cinogènes telles que la mescaline.
Plusieurs livres en sont issus, ainsi
que de nombreux dessins. Dans ces
expérimentations, c'est le champ
inconnu, illimité, grouillant, du
mental que Michaux explore. Une
rapidité nouvelle du flux de l'encre
fait proliférer taches et tracés, balaie
l'espace entier de la feuille. Ces tour-
billons, explosions, migrations, saisis
dans leur course affolée, renvoient
toujours à l'humain, restituent
d'étranges histoires, d'autres géo-
graphies.

Yves Klein

1928, Nice (France) – 1962, Paris (France)

Grande anthropophagie bleue.
Hommage à Tennessee Williams
(ANT 76), 1960

Pigment pur et résine synthétique sur
papier marouflé sur toile, 275 x 407 cm
Achat en 2000
AM 2000-154

« J'imaginai de peindre avec l'aide
de pinceaux vivants » : c'est ainsi
qu'Yves Klein, figure emblématique
des Nouveaux Réalistes, définit en
1961 le procédé de ses anthropométries inauguré trois ans plus tôt :
des toiles sur lesquelles des femmes
enduites de peinture bleue laissent
l'empreinte de leur corps nu. Plus
rarement, une sorte de bataille se
livre, sur des toiles plus grandes
encore, où le mouvement désor-
donné des corps, toujours badi-
geonnés de bleu, parfois traînés
ou poussés, empêchent de discerner
une quelconque silhouette. La
Grande anthropophagie bleue. Hommage
à Tennessee Williams révèle particu-
lièrement le dynamisme violent de
ces dernières anthropométries et leur
impressionnante présence.

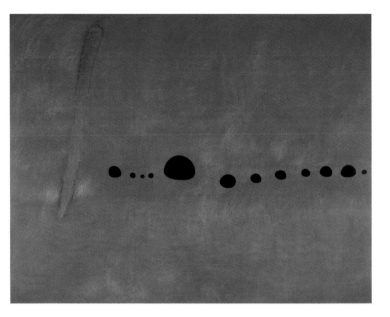

Joan Miró

1893, Barcelone (Espagne) – 1983,
Palma de Majorque (Espagne)

Bleu II, 1961

Huile sur toile, 270 x 355 cm
Don de la Menil Foundation en 1984
AM 1984-357

Jean Tinguely

1925, Fribourg (Suisse) – 1991, Berne (Suisse)

Baluba, 1961-1962

Métal, fil de fer, objets en plastique,
plumeau, baril, moteur ; 187 x 56,5 x 45 cm
Achat en 1982
AM 1981-851

Jean Tinguely, artiste suisse,
influencé par les surréalistes et par
l'anarchisme, est l'auteur d'éton-
nantes sculptures mécaniques parmi
lesquelles des machines autodestruc-
trices. D'abord proche des cinétistes,
il se lie plus tard aux Nouveaux
Réalistes, et crée des sculptures en
ferraille animées par des rouages.
La série des *Baluba* est composée,
comme celle-ci, de matériaux divers :
fil de fer, objets en plastique, plumeau, bidon d'essence et moteur.
En actionnant la pédale qui y est
rattachée, le spectateur déclenche
une fête joyeuse et désordonnée,
qui donne tout son sens à l'œuvre.
Avec Niki de Saint-Phalle, Jean
Tinguely est aussi l'auteur de la
fontaine de la place Stravinsky, face
au Centre Pompidou.

Ce tableau fait partie d'un ensemble
de trois que Joan Miró avait souhaité
voir réunis. Ils appartiennent aujour-
d'hui à la collection du Mnam-CCI,
qui possède un fonds important de
cet artiste. Miró a longtemps travaillé
à la conception de ces immenses
toiles, puis il les a peintes en trois
mois, en 1961.
Les trois tableaux sont composés
d'un fond bleu, d'éléments minéraux
noirs et d'une trace rouge qui semble
traverser la toile. Le bleu, « couleur
des rêves » de Miró, évoque la Catalogne natale, mais invite aussi à la
méditation, au transport de l'âme.
La seule peinture de ce fond fut un
acte d'extrême tension pour l'artiste,
qui expliqua : « "Parfaire" le fond
me mettait en état pour continuer
le reste. » Œuvre métaphysique, les
Bleus sont le résultat d'une véritable
ascèse, et l'aboutissement des
recherches de Miró.

Arman

1928, Nice (France)

Home, Sweet Home, 1960

Masques à gaz dans
une boîte sous Plexiglas
160 x 140,5 x 20,3 cm
Achat avec la participation de
la Scaler Foundation en 1986
AM 1986-52

Dès les années 1960,
au sein du groupe des
Nouveaux Réalistes,
Arman critique, par
l'entassement de déchets
ou d'objets usagés,
une société occidentale
condamnée à consom-
mer. Ce qu'il nomme
alors « accumulations »
devient la marque sen-
sible de son apport à la
sculpture moderne. Tel *Home, Sweet
Home*, ensemble de masques à gaz
entré dans les collections du Mnam-
CCI en 1986, où la répétition d'un
même objet lui confère « plus de
violence », selon les propres termes
d'Arman. L'objet choisi, ici un masque
à gaz, a évidemment son importance :
l'ironie du titre le confirme. Mais,
plus encore, c'est la perception que
le spectateur a de l'objet et du réel
qui prime pour l'artiste.

pour lequel le créateur, prévoyant
les effets obtenus par l'opération
de la presse, choisit les matériaux,
leurs couleurs, et définit leur place
dans le dispositif.

L'œuvre de César s'est ensuite
développée grâce à un autre procédé
industriel permettant des *Expansions*,
mais aussi par l'utilisation originale
de matériaux classiques tels que le
bronze.

César ➤

1921, Marseille (France) – 1998, Paris (France)

Compression "Ricard", 1962

Compression dirigée d'automobile
153 x 73 x 65 cm
Don de Pierre Restany en 1968
AM 1698 S

Le manque de moyens, après-guerre,
incite César à créer des sculptures
à partir d'objets de récupération
qu'il soude à l'arc. Anthropomorphes
ou zoomorphes, les œuvres de cette
période témoignent avec humour et
intelligence d'une société en train de
se reconstruire.

Avec *Ricard*, César aborde un
nouvel aspect de sa production.
Il s'agit d'une compression dirigée,
sous la forme d'un parallélépipède

Étienne-Martin

1913, Loriol-sur-Drôme (France) –
1995, Paris (France)

Le Manteau (Demeure 5), 1962

Matériaux divers, 250 x 230 x 75 cm
Achat en 1973
AM 1976-965

Étienne-Martin n'appartient à
aucun mouvement, il protège
sa liberté d'expression et associe
volontiers figuratif et non-figura-
tif, abstrait et concret. Composant
un espace sculptural à partir de
sa propre expérience, l'artiste
français va intituler *Demeures*
nombre d'œuvres liées à la
maison de son enfance. Ainsi,
Le Manteau (Demeure 5) évoque
plutôt une armure qui protège
qu'une parure, elle est la « demeure
totale », faite à l'image de son créateur. C'est peut-être pourquoi elle
est constituée d'une accumulation
de matériaux trouvés qui pousse
au retranchement en même temps
qu'à la rêverie.

Niki de Saint-Phalle

1930, Neuilly-sur-Seine (France)

La Mariée, 1963

Grillage, plâtre, dentelle encollée,
jouets divers peints ; 222 x 200 x 100 cm
Achat en 1967
AM 1976-1016

Marquée dans les années 1950
par la découverte de l'art brut,
des primitifs italiens et espagnols
et de Gaudí, mais aussi par la
rencontre de Tinguely et Klein,
Niki de Saint-Phalle réalise
d'abord des « actions » à partir
d'assemblages de plâtre remplis
de couleur fluide qu'elle trans-
perce à la carabine. Ses *Nanas*
arrivent ensuite, sculptures de
femmes difformes et colorées,
telles des exorcismes pour
d'anciens traumatismes.

La Mariée, entièrement
blanche, annonçant déjà ses
suivantes, représente, selon
l'artiste, « une faillite totale de
l'individualité, due à la carence
masculine d'exercer les vraies res-
ponsabilités », une situation conduisant au matriarcat. Droite et défaite
comme un spectre, monumentale
et empesée comme une énorme
poupée, cette *Mariée* semble l'accu-
satrice publique de la condition
féminine.

Niki de Saint-Phalle est aussi
l'auteur avec Jean Tinguely de la
fontaine de la place Stravinsky,
située face au Centre Pompidou.

Martial Raysse

1936, Vallauris (France)

Made in Japan-La Grande Odalisque, 1964

Peinture acrylique, verre, mouche, sur photographie marouflée sur toile, 130 x 97 cm
Don de la Scaler Foundation en 1995
AM 1995-213

L'artiste français Martial Raysse a été associé très jeune au courant des Nouveaux Réalistes et à celui du pop européen, dont il est souvent considéré comme le représentant le plus brillant.

Made in Japan-La Grande Odalisque appartient à une série d'œuvres-citations de chefs-d'œuvre de la peinture, comme ici *La Grande Odalisque* d'Ingres. Le pastiche, les matériaux bon marché utilisés pour le peindre, voire la première partie de son titre rappellent la vision kitsch que peut offrir le pop art. Mais ces œuvres-citations où dessin et couleur s'opposent évoquent un autre conflit, celui que voyaient les classiques entre raison et passion.

a parcourues de son objectif opiniâtre, saisissant à chaque fois le caractère des gens qui y vivent. L'artiste révèle ici l'obscénité et la violence d'une situation où l'acte de menace d'un enfant qui braque le canon sur le photographe – et le spectateur – provoque l'admiration et presque la dévotion d'un autre enfant.

William Klein ➤

1928, New York (États-Unis)

Pistolet 1, New York, 1955

Épreuve aux sels d'argent
50,3 x 40,4 cm
Achat en 1984
AM 1986-215

L'œuvre du photographe américain William Klein est à la fois rare et prolixe. Apparentée au photoreportage et à la photographie de mode, elle regorge néanmoins d'une sensibilité qui fait de chaque image une composition, souvent recadrée, aux forts contrastes. Elle a inspiré de nombreux photographes.

New York est avec Rome, Moscou et Tokyo, l'une des villes que Klein

Yayoï Kusama

1929, Matsumoto (Japon)

My Flower Bed, 1962

Ressorts de lit et gants de coton peints
250 x 250 x 250 cm
Achat en 1994
AM 1994-292

Obsédée par des images de guerre,
victime d'hallucinations, Yayoi
Kusama tente à travers son œuvre
d'exorciser ses démons : gouaches,
aquarelles, acryliques sont le moyen
qu'elle emploie alors pour dire son
univers mental. Sa reconnaissance
est immédiatement internationale.
À partir de 1959, elle monte des installations faites de filets et de pois
comme des rideaux qu'elle placerait
entre elle et les autres humains.
Avec *My Flower Bed*, Kusama livre
un autre type d'environnement onirique, tout autant fleur rouge carmin
que viscères sanglants d'une bête
ou d'un homme. Pour continuer de
créer et apprendre à se libérer de ses
obsessions, Kusama vit recluse
depuis 1977 dans une institution
psychiatrique japonaise.

Robert Rauschenberg ▼

1925, Port Arthur (États-Unis)

Oracle, 1962-1965

Tôle galvanisée, eau et son ; 236 x 450 x 400 cm
Don de M. et Mme Pierre Schlumberger en 1976
AM 1976-591

À l'instar de ses « Combine Paint-
ings », mêlant peinture et sculpture,
Rauschenberg crée ici un environnement d'objets mutants avec,
à l'intérieur de chaque élément,
un récepteur radio captant des
émissions de toute l'Europe. Dans
ses œuvres, il recompose des images
de la culture de masse et des objets
du quotidien pour se moquer de
leur valeur d'icône. Préfigurateur
du pop art, Rauschenberg a su rester
libre de tous les courants, faisant
de l'inachèvement le fondement du
processus de création.

Andy Warhol

1928, Pittsburgh (États-Unis) – 1987,
New York (États-Unis)

Ten Lizes, 1963

Huile et laque sur toile, 201 x 564,5 cm
Achat en 1986
AM 1986-82

À la fois pourfendeur de la société
de consommation et son plus fervent
héraut, Andy Warhol, fils d'immigrés
tchécoslovaques, a créé un système
de production dans lequel l'œuvre
intègre les lois du marché, le statut
de l'artiste devenant une notion
dépassée. Sérigraphe dans les années
1960 (*Campbell Soups, Marilyn, Electric
Chair…*), père de la Factory où vont
naître bien des talents (Bob Wilson…),
producteur du Velvet Underground,
patron de presse (*Interview*), réalisa-
teur d'une centaine de films, Warhol
fut tout ce qu'une société de surconsommation lui permettait d'être.

Ten Lizes est l'une des œuvres qui
explorent le mieux la notion de mul-
tiple. C'est bien le même motif qui
est reproduit dix fois, mais imparfai-
tement, ce qui confère à la toile cette
unicité à laquelle Warhol a renoncé.

Chris Marker ◄

1921, Neuilly-sur-Seine (France)

La Jetée, 1962

Film 35 mm noir et blanc, son
Durée : 29 min
Achat en 1999
AM 1999-F1409

Chris Marker explore au moyen
du cinéma, de la vidéo et du multimédia tous les aspects de la mémoire.
Il est l'auteur de plusieurs films
mythiques dont *La Jetée*, qui a inspiré
de nombreux artistes, notamment
John Gillian dans la réalisation de
L'Armée des douze singes. Ce film
de 29 minutes est exclusivement
composé d'images fixes en noir et
blanc sur lesquelles une voix off
narre l'histoire. Un conte captivant
où passé, présent et futur se mêlent
et se contredisent dans l'esprit d'un
homme obsédé par un souvenir
d'enfance, l'image de sa propre mort.

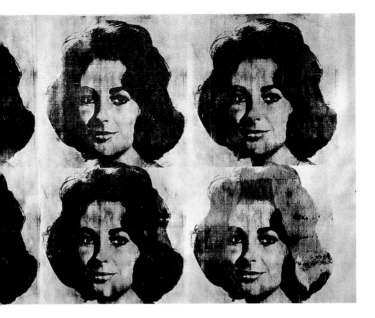

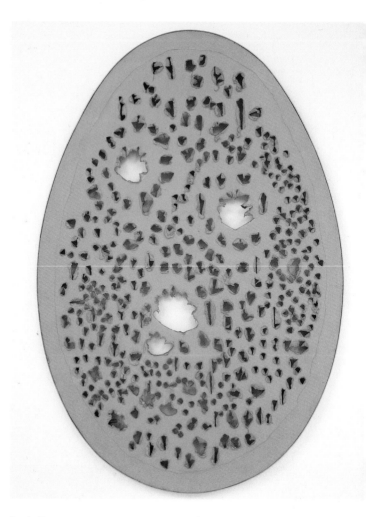

Lucio Fontana

1899, Rosario (Argentine) – 1968,
Comabbio (Italie)

La Fine di Dio [La Fin de Dieu],
1963-1964

Huile sur toile, perforations et dessin
178 x 123 cm
Dation en 1997
AM 1997-94

Lucio Fontana a partagé sa jeunesse
entre l'Argentine, où il est né, et
l'Italie, dont sa famille était originaire et où il expose pour la première
fois en solo en 1930. Après la guerre,
il énonce les principes d'un « art spa-
tialiste », visant à confondre peinture
et sculpture, propre à remettre en
cause la finalité même de l'art.

En 1963-1964, Fontana réalise
une de ses dernières séries pictu-
rales, les « Fin de Dieu », qui compte
parmi ses chefs-d'œuvre. Il s'agit de
38 tableaux ovoïdes de dimensions
identiques, monochromes et entamés
de perforations. Des œufs troués,
forme parfaite mais ici déstabilisée,
qui matérialisent l'espace du sacré.

Mark Rothko

1903, Dvinsk (Russie) – 1970, New York
(États-Unis)

No 14 (Browns over Dark), 1963

Huile et acrylique sur toile
228,5 x 176 cm
Achat en 1968
AM 1976-1015

Dès 1947, Mark Rothko a élaboré les
multiforms, où les couleurs semblent
flotter à la surface de la toile. Puis,
en 1950, il conçoit le *ground colour*,
des aplats de couleur rectangulaires
superposés à un fond. À l'instar
d'autres artistes de l'expressionnisme
abstrait américain – Barnett Newman
et Clifford Still –, il affirme les pré-
ceptes du *colorfield*, qui minimise
le rôle de la forme et de la touche
au profit de la couleur. Dans *No 14
(Browns over Dark)*, les tons vifs ont
cédé la place aux tons plus sourds de
ces rectangles superposés et flottants.
No 14 semble à la recherche d'un
contrôle de l'émotion, et ses clairs-
obscurs invitent à une méditation
sombre mais apaisée.

Bram van Velde

1895, Zoeterwoude (Pays-Bas) –
1981, Grimaud (France)

[Sans titre], 1965

Huile sur toile, 199,5 x 250,5 cm
Achat en 1982
AM 1982-139

L'œuvre de Bram van Velde existe
hors de toute chronologie, car elle
s'organise comme un vaste palimp-
seste. Ses toiles sont de simples
surfaces, « des étendues », précisa
Beckett, où les formes se diluent
d'elles-mêmes. La peinture exclut
le dessin ; une structure tracée
au lavis noir est progressivement
recouverte par des « voiles » de
gouache opaques et superposés.
S'interdisant toute préparation
psychologique, toute définition
existentielle, tout travail de fabri-
cation, toute volonté de réussir
ou d'échouer, Bram van Velde
affirme que la peinture est l'action
d'« aller voir, [d']aller à la vision ».

rancis Bacon

909, Dublin (Irlande) – 1992,
1adrid (Espagne)

hree Figures in a Room
Trois personnages dans une pièce],
964
luile sur toile, 198 x 441 cm
achat en 1968
aM 1976-925

out dans ce triptyque laisserait
enser qu'il s'agit d'une scène
inique : les trois personnages se
ennent sur une même estrade ;

le personnage du centre équilibre
la toile, tandis que les deux autres
semblent attirés vers l'extérieur.
En fait, Bacon a représenté une
même personne vivant une suite
de situations : [Trois personnages
dans une pièce] est une sorte de
retable avec sa trinité profane. Les
tons sourds et la simplicité du décor
renforcent l'impression de violence
et de tourment qui se dégage du
corps, « un ordre de réalité chair et
sang «, comme l'a décrit l'écrivain
français Michel Leiris.

Marcel Broodthaers

1924, Saint-Gilles (Belgique)
– 1976, Cologne (Allemagne)

Le Corbeau et le Renard,
1968
Sérigraphie sur toile,
machine à écrire et trois
sérigraphies
112,4 x 82 x 41 cm
Achat en 1985
AM 1985-188

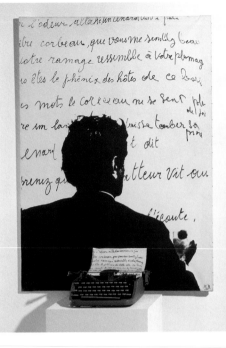

Formé dans le milieu
surréaliste bruxellois
de la guerre et de
l'après-guerre, Marcel
Broodthaers conçoit
exposition et musée
comme un moyen de
subvertir la notion
d'art et d'œuvre d'art.
Il commence par
publier des recueils de
poèmes, puis réalise
un film et conçoit des
œuvres-objets. Tout
au long de sa carrière,
il ne cesse de lier ces différents
supports ou modes d'expression.
Ainsi, en 1967, il réalise *Le Corbeau
et le Renard*, fusion d'un film et d'un
texte inscrit sur une toile servant
d'écran de projection. Il poursuit son
interrogation sur la place de l'art et
de l'œuvre dans le musée à travers la
création d'environnements composés
d'objets, de signes et de figures.

Nam June Paik ▼

1932, Séoul (Corée)

Moon is the Oldest TV
[La Lune est la plus ancienne
télévision], 1965/1992
11 téléviseurs, noir et blanc
Achat en 1985
AM 1985-142

Nam June Paik est l'un des pionniers
de la vidéo considérée comme
médium artistique. [La Lune est
la plus ancienne télévision], œuvre

élaborée depuis les années 1960 jusqu'à nos jours, est l'une des plus anciennes. Douze téléviseurs installés dans une salle obscure présentent les phases de la révolution lunaire. Un aimant lié au tube cathodique modifie l'image au gré des variations du champ magnétique. Les images qui résultent de cette intervention reflètent une certaine philosophie zen.

Joseph Beuys ▲

1921, Clèves (Allemagne) – 1986, Düsseldorf (Allemagne)

Infiltration homogen für Konzertflügel [Infiltration homogène pour piano à queue], 1966

Piano recouvert de feutre et tissus
100 x 152 x 240 cm
Achat en 1976
AM 1976-7

Joseph Beuys, artiste allemand controversé mais essentiel de la seconde moitié du XXᵉ siècle, a eu une grande influence sur de nombreux créateurs. Son œuvre, faite d'inspirations religieuses, et surtout chamaniques, fut rattachée au groupe Fluxus et à ses actions. Elle se développe autour d'interrogations sur la mort et la résurrection, les principes énergétiques qui régissent la vie et les rapports scientifiques qu'on peut établir avec ceux-ci.

[Infiltration homogène pour piano à queue], réalisée lors d'une action aux Beaux-Arts de Düsseldorf en 1966, décrit, selon l'artiste, « la nature et la structure du feutre, le piano devenant ainsi un dépôt de son dont le potentiel filtre à travers le feutre ». Beuys a remplacé l'enveloppe de feutre au début des années 1980, créant à partir de cette dépouille une nouvelle œuvre, *La Peau*, souvent présente à côté du piano : cet ensemble s'accorde au respect de Beuys pour l'évolution des êtres et des matériaux.

Jean Dubuffet

1901, Le Havre (France) – 1985 Paris (France)

Jardin d'hiver, 1968-1970

Polyuréthane sur époxy, 480 x 960 x 550 cm
Achat en 1973
AM 1977-251

Comme toutes les constructions de
Dubuffet, *Le Jardin d'hiver* est une
peinture en trois dimensions qui
reflète une image mentale échappée
dans la réalité. L'étrange univers qui
en est issu, instable, en perpétuelle
expansion et trompeur (sol accidenté,
tracés noirs qui suivent les reliefs
ou les contredisent), appartient à
un cycle de création que Dubuffet a
nommé l'Hourloupe. Ici, dans ce lieu
clos où le visiteur s'engage, le temps,
l'espace et la perception des choses,
leur réalité même, sont remis en
cause. L'esprit perd ses repères et
trébuche contre sa propre logique.

Mario Merz ◀

1925, Milan (Italie)

Igloo di Giap [Igloo de Giap], 1968

Cage de fer, sacs en plastique remplis de
terre, tubes de néon, batteries, accumulateurs
120 cm ; Ø : 200 cm
Achat en 1982
AM 1982-334

Les igloos sont une forme récurrente
dans l'œuvre de Mario Merz, artiste
italien chantre de l'arte povera. Ils
sont apparus dans les années 1960
sous des formes diverses, faits de
métal, de verre ou, comme celui-ci,
de terre. [Igloo de Giap] est composé
d'une demi-sphère en métal recouverte de petits sacs de terre sur lesquels court une phrase en néon.
Pour Merz, qui a voulu se libérer de
la peinture, l'igloo incarne la forme
organique par excellence : le monde
et l'abri. L'image de la nécessité
de survivre est ici renforcée d'une
sentence d'inspiration bouddhiste
du général vietnamien Giap : « Si
l'ennemi se concentre, il perd du
terrain, et si l'ennemi se disperse,
il perd sa force. »

Giuseppe Penone

1947, Garessio (Italie)

Soffio 6 [Souffle 6], 1978

Terre cuite, 158 x 75 x 79 cm
Achat en 1980
AM 1980-42

Protagoniste de l'arte povera, Giuseppe Penone est tout à la fois sensible au développement industriel du nord de l'Italie, où il vit, et proche de l'univers de Virgile et de Pétrarque. Il a ainsi développé une œuvre où nature et culture se révèlent réciproquement. C'est aussi une recherche de la complétude du monde par la rencontre de ses contraires.

[Souffle 6] est une jarre de terre cuite constituée de trois éléments superposés aux dimensions de l'empreinte que le corps de l'artiste y a laissée. Figeant la vie dans un réceptacle propre à la conservation, le sculpteur travaille à établir une relation physique entre lui et l'œuvre.

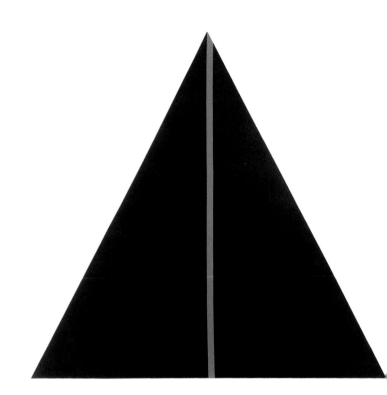

Barnett Newman

1905, New York (États-Unis) – 1970,
New York (États-Unis)

Jericho, 1968-1969

Acrylique sur toile, 268,5 x 286 cm
Achat avec la participation d'Élisa
et Basile Goulandris en 1986
AM 1986-272

C'est à partir de 1946 que le peintre
américain Barnett Newman, rompant
avec les expériences de peinture
automatique liées à ses débuts surréalistes, parvient à une simplification radicale de son travail pictural.
Considérant la surface de la toile
comme définie d'abord par ses struc-
turations interne et externe, il choisit
de construire ses peintures à partir
de bandes verticales (dénommées
« zips ») délimitant des champs
intensément colorés. L'organisation
des peintures de Newman met en
valeur les constituants essentiels de
ses tableaux : le format (un triangle
hors de toutes les normes), la satura-
tion colorée de la surface, et le subtil
équilibre interne de l'œuvre (défini

par un « zip » décentré). Telle quelle,
l'œuvre (et son titre) entraîne le spectateur dans une contemplation médi-
tative sur l'essence sublime de l'art.

Eva Hesse

1936, Hambourg (Allemagne) – 1970,
New York (États-Unis)

Seven Poles, 1970

Fils d'aluminium, polyéthylène, fibre
de verre, résine
272 x 240 cm (variable selon l'espace)
Achat en 1986
AM 1986-248

Artiste américaine d'origine allemande, Eva Hesse entame en 1965,
lors d'un séjour en Allemagne, des
recherches particulières : elle dessine
des organes humains et crée des
reliefs constitués de rebuts industriels. De retour à New York, ses
sculptures vont s'inspirer de ces
travaux : naissent ainsi des formes
biomorphiques composées de latex,
de résine ou de fibre de verre.
Seven Poles, sa dernière œuvre –
Hesse meurt en 1970 –, réunit sept

éléments suspendus au plafond et reposant délicatement au sol. Elle rappelle la forme et la texture de boyaux, mais pourrait aussi avoir été inspirée par un groupe de figurines olmèques, l'artiste s'étant déjà référée à ce type de sculptures dans d'autres travaux.

Donald Judd ◀

1928, Excelsior Springs
(États-Unis) – 1994, New York
(États-Unis)

Stack [Pile], 1972

Acier inoxydable et Plexiglas
470 x 102,5 x 79,2 cm ; chaque
élément : 23 x 101,6 x 78,7 cm
Achat en 1973
AM 1980-412

[Pile] est ce que Donald Judd nomme un « objet spécifique ». Dix parallélépipèdes fabriqués industriellement sont superposés sur toute la hauteur du mur à intervalles réguliers. Cette œuvre, symétrique et répétitive, empêche toute narration, toute expression subjective. Elle appartient à la série des arrangements et progressions produites à partir de 1966, où seuls changent la taille, le matériau, le nombre d'éléments et la couleur. Dès lors, par ce jeu de variations, l'œuvre d'art ne fait plus référence qu'à elle-même. Elle représente l'un des meilleurs exemples de l'art minimal.

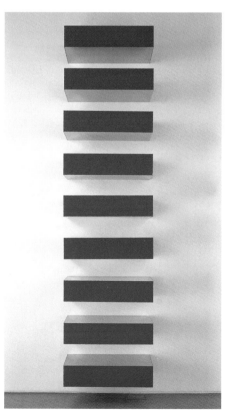

Claes Oldenburg

1929, Stockholm (Suède)

"Ghost" Drum Set
[Batterie fantôme],
1972

10 éléments en toile
cousus et peints,
billes de polystyrène
80 x 183 x 183 cm
Don de la Menil
Foundation en 1975
AM 1975-64

Claes Oldenburg,
artiste américain, occupe
une place originale dans
le mouvement pop. Dès 1965,
il travaille à partir d'objets de la vie
courante qu'il reproduit, vidés de
leur substance et de leurs couleurs.
Ces fantômes extraits de leur
contexte originel deviennent alors
une critique du réel.

   Ici, il reproduit à une échelle
démesurée une batterie d'orchestre –
souvenir d'un tambour qu'il avait
acheté adolescent –, qui est une
forme molle sans réalité et d'une
blancheur spectrale. « *Le Drum Set*
est plus un paysage qu'un corps, dit
Oldenburg, une sorte de panorama
brueghelien. » L'artiste évoque
peut-être ainsi les sommets enneigés
de son Colorado, et rappelle qu'il
crée des œuvres monumentales
faites pour être installées au cœur
des grandes métropoles.

Gascoin, jeune décorateur de l'Union
des artistes modernes. Dès 1945,
il réalise ses premiers sièges, mais
c'est au début des années 1960 que
se révèle son génie, quand il devient,
avec Verner Panton, l'un des
chantres du design souple et coloré
typique de l'époque. Passionné par
les possibilités plastiques des matériaux synthétiques (mousse de latex,
polyester renforcé), il crée de nombreux sièges, tel *Ribbon Chair 582* :
un ruban noué, évidé en son centre,
à la fois large et spacieux, un écrin
de repos dont la base, comme indé-
pendante, fait office de piédestal.

Pierre Paulin

1927, Paris (France)

Ribbon Chair 582, 1966

Acier, bois laqué,
mousse de latex
70 x 105 x 80 cm
Don de Strafor en 1996
AM 1996-1-3

Pierre Paulin, designer
français d'abord formé
au travail de la céramique
à Vallauris et à celui de
la sculpture à Beaune,
rejoint l'école Camondo,
puis entre chez Marcel

Superstudio :

Adolfo Natalini, 1941,
Pistoia (Italie)
Cristiano Toraldo di Francia,
1941, Florence (Italie)
Roberto Magris, 1935,
Florence (Italie)
Gian Piero Frassinelli, 1939,
Porto San Giorgio (Italie)
Alessandro Magris, 1941,
Florence (Italie)

Monumento continuo,
New York
[Monument continu,
New York], 1969

Photomontage couleur
Achat en 2000
AM 2000-2-105

En 1966, Adolfo Natilini et Cristiano Toraldo di Francia fondent Superstudio, puis, ils sont rejoints par Roberto Magris, Gian Piero Frassinelli et Alessandro Magris. Ce groupe d'avant-garde – dont les vingt ans de recherche sont un exemple exceptionnel de longévité – s'est toujours fait le défenseur d'une architecture radicale. Ainsi invente-t-il, en 1969, une structure en trois dimensions qui traverserait les villes et la nature sans les perturber. Ce projet, [Monument continu], s'apparente aux travaux sur la destruction de l'objet architectural, véritable critique des fonctionnalistes et donc du Corbusier, mais c'est la force d'évocation de ses images qui assurera son renom et non sa nature contradictoire.

Au début des années 1960, les architectes britanniques Warren Chalk, Peter Cook, Dennis Crompton, David Greene, Ron Herron et Michael Webb publient *Amazing Archigram*, le manifeste d'un nouveau mode de vie et de réflexion. À l'instar des artistes pop, Archigram affirme sa volonté d'être en prise avec l'époque. Durant près de dix ans, le groupe va multiplier les projets utopiques, empruntant à l'occasion aux situationnistes, pour proposer une architecture autogénératrice et anarchique, développant à l'infini ses modèles.

Instant City, collage de Ron Herron, met en scène de manière joyeuse et ludique cette volonté d'être libre pour « transformer une retraite de week-end en une petite ville d'un demi-million d'habitants ».

Archigram :

Peter Cook, 1936, Southend-on-Sea (Grande-Bretagne)
Dennis Crompton,
1935, Blackpool
(Grande-Bretagne)
Ron Herron, 1930, Londres
(Grande-Bretagne) – 1995,
Londres (Grande-Bretagne)

Instant City. Urban
Action Tune Up, 1969-
1970

Collage, 58 x 76 cm
Achat en 1992
AM 1992-1-285

Ettore Sottsass

1917, Innsbrück
(Autriche)

Toilettes et Douche,
1972

Polyester renforcé
Chaque élément :
214 x 96,5 x 100 cm
Don de la Scaler West-
bury Foundation en 1999
AM 1998-1-25

Ettore Sottsass est
un chercheur plus
qu'un producteur.
Son œuvre est faite
plutôt pour être
présentée dans un
musée que pour
intégrer un cadre
de vie domestique.
Le designer italien
réfléchit sur son
époque et les muta-
tions qu'elle connaît.
Ainsi est présenté, en 1972, au
MoMA de New York, cet ensemble
de cabines, modulables et mobiles.
Des *Meubles containers* comprenant
cuisine, bibliothèque, juke-box,
sièges, salle de bains, toilettes (ces
trois derniers faisant partie de la
collection du Mnam-CCI), en tout
dix prototypes, reliés entre eux par
le haut pour la circulation des fluides
et du courant et par la base pour
l'évacuation. Leur agencement est
modifiable à l'envi, aussi simplement
qu'on changerait de chemise.

Renzo Piano, Richard Rogers ◄

1937, Gênes (Italie) et 1933, Florence (Italie)

Centre Georges Pompidou,
Paris (France), 1971-1977

Maquette
Bois, plastique, lichen, métal
46 x 150 x 98 cm
Don des architectes en 1999
AM 1999-2-82

Répondant au projet de Centre
national d'art et de culture initié en
1969 par Georges Pompidou, alors
président de la République, deux
jeunes architectes, Renzo Piano et

Richard Rogers, associés au bureau
d'études Ove Arup, gagnent en
juillet 1971 le concours d'architecture
présidé par Jean Prouvé. Occupant
seulement la moitié du terrain et
donnant sur une large place, qui
occupe l'autre moitié, ce grand bâtiment déploie sa vie vers l'extérieur.
Sa façade de 42 m de hauteur et de
160 m de longueur offre un jeu de
transparence et de trames répétitives
qui rappelle les projets utopiques de
Sant'Elia, le Fun Palace de Cedric
Price, ou les « condensateurs sociaux »
de l'architecture constructiviste.
Inauguré le 31 janvier 1977, le Centre
Pompidou a été rénové et en partie
réaménagé, de 1997 à 2000, par Renzo
Piano et Jean-François Bodin. Un restaurant à l'architecture originale dû à
Dominique Jakob et Brendan McFar-
lane a été créé au sixième étage.

Aldo Rossi ►

1931, Milan (Italie) – 1997, Milan (Italie)

Théâtre du monde, Venise, 1979-1980

Estampe sur carton
70 x 84,5 cm
Don de l'artiste en 1992
AM 1992-1-22

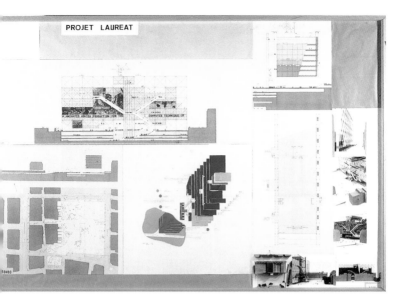

Construction éphémère, le *Théâtre du monde* a flotté sur la lagune vénitienne durant quelques mois, pour accueillir des spectacles de la section théâtre et architecture de la Biennale de Venise, en 1979. Haut de 25 mètres, bâti selon un plan symétrique, ce cube était surmonté d'un prisme octogonal pointu. Sa structure était revêtue de bois et composée de tubes de fer fixés au ponton. La scène était entourée de gradins pouvant recevoir 200 à 250 personnes. Avec cette construction, Aldo Rossi a voulu évoquer la Venise d'avant la pierre et le marbre, une Venise de bois. Mais ce théâtre précaire, dans sa durée et son aspect, posait aussi la question des villes défigurées, des centres historiques en péril, Venise donc.

Pierre Alechinsky ➤

1927, Bruxelles (Belgique)

Le Passé inaperçu, 1981

Acrylique, encre de Chine
sur papier marouflé sur toile
209 x 470 x 7 cm
Achat en 1995
AM 1995-339

L'artiste belge Pierre Alechinsky retient de sa participation au mouvement Cobra, au début des années 1950, le goût des passages entre peinture et littérature. Grand calligraphe, spécialiste notamment de la calligraphie orientale, il montre toute sa maîtrise de l'écriture picturale dans *Le Passé inaperçu*. L'usage qui y est fait des marges est caractéristique de son œuvre. Au centre figurent en couleur les Gilles d'un carnaval belge et, tout autour, comme dans les cases d'une bande dessinée, sont détaillées, en noir et blanc, les différentes parties de leur costume.

Un grand nombre de dessins, gouaches et aquarelles sont entrés dans la collection grâce à la générosité de l'artiste.

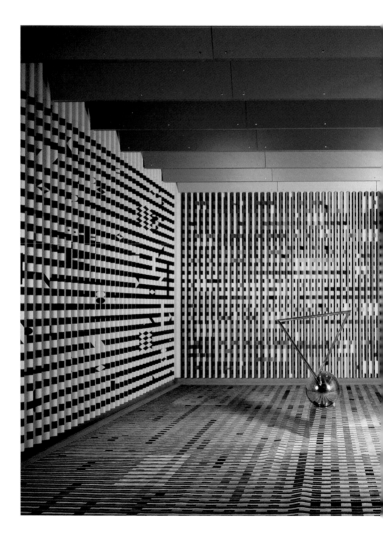

Agam

1928, Rishon le Zion (Israël)

Salon Agam, 1974

Aménagement de l'antichambre des
appartements privés du Palais de l'Élysée
pour le Président Georges Pompidou
Matériaux divers
470 x 548 x 622 cm ; surface au sol : 34 m²
Achat en 1974
AM 2000-3

Au début des années 1970, le président de la République Georges Pompidou décide de faire réaménager les appartements privés de l'Élysée par des artistes et des designers contemporains.

Agam conçoit pour lui cette antichambre, un salon cinétique composé de trois murs peints, d'un plafond coloré et translucide, et d'un tapis de 194 couleurs tissé aux Gobelins. À l'entrée, des panneaux amovibles en Plexiglas transparent de différentes couleurs modifient progressivement la tonalité de la pièce. Au centre du tapis se trouve *Le Triangle volant*, une sculpture en acier poli dont le reflet déformant ajoute encore à cette notion de quatrième dimension. Œuvre majeure de l'art cinétique, l'antichambre d'Agam crée les conditions troublantes du passage d'une vie de chef d'État vers la vie privée.

**Bertrand Lavier,
François Morellet**

1949, Châtillon-sur-
Seine (France) et
1926, Cholet (France)

Lavier/Morellet,
1975-1995
Peinture acrylique
sur toile
200 x 200 cm
Achat en 2001
AM 2001-27

Ce tableau d'appa-
rence simple se
révèle complexe
dès qu'on en
connaît l'histoire.
Il apparaît sous
trois formes diffé-
rentes (dont une
seule appartient
au Mnam-CCI), et est la création
successive de deux artistes français :
François Morellet et Bertrand Lavier.

Morellet est intervenu le premier
sur la toile. Fidèle à sa recherche
sur les règles du hasard, il trace des
lignes droites qui relient les lettres
des prénoms des deux artistes écrits
sur les bords opposés du châssis.
Lavier a ensuite repeint ces lignes,
et l'espace entre, selon sa technique
de peinture acrylique passée en
larges touches épaisses à la manière
de Van Gogh. Il ne s'agit pas d'une
peinture mais d'un mixte ambigu,
à la croisée du tableau et de l'objet
peint.

Pierre Soulages ◁

1919, Rodez (France)

Peinture, 1985, 324 x 362 cm,
polyptyque C, 1985
Huile sur toile, 324 x 362,5 cm
Achat en 1987
AM 1987-937

Depuis ses débuts dans les années
1950, Pierre Soulages est resté fidèle
à une peinture abstraite qui fait un
usage toujours renouvelé d'une seule
couleur : le noir. Utilisant de nouveaux formats, prenant le parti
d'accrochages insolites, explorant

d'autres techniques (gravures et
vitraux), Soulages a conquis une
renommée internationale qui le place
au premier rang des artistes français
du XXe siècle.

Peinture, 1985, 324 x 362 cm, *polyp-*
tyque C est un ensemble de quatre
châssis superposés sur lesquels se
succèdent de larges aplats, obliques
et travaillés, de peinture noire. La
lumière accroche ces rais creusés de
sillons, et le matériau qui naît de
cette association évoque une pluie
aussi bien qu'un mur d'enceinte.

Robert Ryman ▷

1930, Nashville (États-Unis)

Chapter, 1981
Huile sur toile, 4 attaches métalliques
223,5 x 213,5 cm
Achat en 1982
AM 1981-850

Cette toile réunit les deux aspects
constitutifs de l'œuvre de Robert
Ryman. Le blanc, d'abord, qui
« permet de rendre d'autres choses
visibles » ; ici, la sensibilité de la
matière et la minutie de la touche
sont employées à rendre lisibles
le geste dans sa maîtrise ainsi que
l'infime variation de la couleur.
Ensuite, la toile, carrée – comme

toutes les œuvres de Ryman car c'est selon lui une forme parfaite –, est placée en avant du mur, grâce à un système de pattes délibérément visibles. Des ombres apparaissent autour de cette toile de grandes dimensions doublant ainsi l'effet de la surface peinte.

Bill Viola

1951, Flushing (États-Unis)

Chott-El-Djerid (Portrait in Light and Heat), 1980

1 bande vidéo, son, couleur ;
écran, couloir
Durée : 28 min
Achat en 1985
AM 1985-446

Vidéaste américain, Bill Viola renverse l'idée et la réalité d'un mirage, et fait de ce « mensonge » objectif une vérité subjective. Lac salé de la Tunisie saharienne, Chott el-Djerid est un paysage d'illusion où l'on peut observer, en pleine chaleur, des gens et des lieux qui n'existent pas. L'air y est si chaud qu'on pourrait le palper, et à travers son rideau apparaissent des silhouettes, des camions, une ville, des arbres… À ces images se confrontent celles de prairies en hiver, déserts inverses, qui désorientent tout autant le spectateur : Viola l'incite à se laisser déstabiliser par cette perte de repères, à suivre son déséquilibre comme s'il s'agissait de son propre rêve.

Gerhard Richter ➤

1932, Dresde (Allemagne)

Chinon n° 645, 1987

Huile sur toile, 200 x 320 cm
Achat en 1988
AM 1988-593

Le peintre allemand Gerhard Richter occupe une place originale dans l'histoire de l'art du XXe siècle. Il a démontré qu'on ne pouvait le classer avec les abstraits ou les figuratifs, puisqu'il s'attache à passer de l'un à l'autre genre, sans jamais se départir d'une certaine vision politique de l'art.

Chinon n° 645 célèbre le paysage au temps de la photographie. Sans être hyperréaliste, cette peinture oblige le spectateur à être attentif au détail. Ainsi est-il possible de distinguer dans le lointain une centrale nucléaire qui, tout à coup, désole ce paysage bucolique. Richter invite à une double réflexion sur les dangers du monde post-industriel et sur les conventions du style.

Bernd et Hilla Becher

1931, Siegen (Allemagne) et
1934, Postdam (Allemagne)

Hochoefen [Hauts Fourneaux],
1982
Épreuve aux sels d'argent
59 x 49 x 2 cm
Achat en 1992
AM 1991-339(18)

Bernd et Hilla Becher comptent parmi les fondateurs de la photographie allemande contemporaine. Maîtres d'une photographie distanciée du sujet, ils dressent des inventaires : chevalets de mines, châteaux d'eau, pignons à colombage… autant de sculptures anonymes issues du progrès technique ou de l'évolution de nos sociétés.

La confrontation de 18 hauts fourneaux allemands, américains et français révèle que ces monstres de tôle et d'acier appartiennent à une même famille, bien au-delà de toute spécificité liée aux industries nationales. L'œil des photographes insuffle une force nouvelle à ces géants abandonnés, une autre raison d'être.

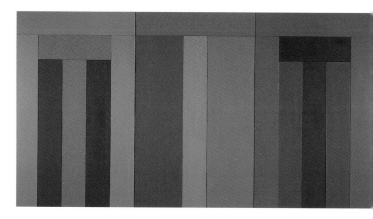

Brice Marden

1938, Bronxville (États-Unis)

Thira, 1979-1980

Huile et cire sur toile, 244 x 460 cm
Don de la Georges Pompidou Art and
Culture Foundation en 1983
AM 1983-190

Thira est le chef-d'œuvre de Brice
Marden, peintre américain né en
1938, qui a d'abord été influencé par
Franz Kline et Jasper Johns. Les
monochromes qu'il peint dès 1964
laissent encore entrevoir la préparation de la toile, ce qui le différencie
des minimalistes. À partir de 1968,
ses peintures se composent de plusieurs panneaux verticaux, dont le
nombre ne cesse d'augmenter, jusqu'à *Thira* (1979-1980), combinaison
de 18 panneaux dessinant trois enca-
drements de portes, ou trois crucifix.

Dans les deux cas, le thème évoqué
est celui du passage vers l'au-delà,
une autre dimension, celle d'une
réalité non immédiate.

▼ Jean-Marc Bustamante

1952, Toulouse (France)

T. 21A. 79. 1979, 1979

Photographie couleur, 103 x 130 cm
Don de l'artiste en 2001
AM 2001-31

Jean-Marc Bustamante développe
depuis la fin des années 1970 une
œuvre faite de photographies, de
peintures, de sculptures et d'installations. Ses premières pièces,
des photos qu'il appellera ensuite
Tableaux, réalisées entre 1978 et 1982,
illustrent bien la notion d'« entre-
deux », une forme d'indétermination
qu'il veut instaurer
par son travail.

Tel *T. 21A. 79.
1979*, ces *Tableaux*
sont des photo-
graphies de pay-
sages barcelonais
entre ville et
campagne. Des
paysages qui dis-
paraissent sous
la précision des
détails, si bien que
le spectateur est
tenu à la surface
de l'image.

Bruce Nauman

1941, Fort Wayne (États-Unis)

Dream Passage with Four Corridors
[Passage onirique en quatre
couloirs], 1984

Panneaux, tubes fluorescents, tables, chaises
283 x 1241 x 1241 cm
Achat en 1987
AM 1987-1136

Inclassable, l'artiste américain Bruce
Nauman est l'auteur d'une œuvre
prolifique. Il crée des pièces utilisant
des matériaux très divers, des sculptures en néon et des photographies,
des installations à partir de films ou
de bandes sonores, de vidéos –
surtout depuis les années 1980.
Il accompagne aussi son travail de
notes et de dessins.

[Passage onirique en quatre cou-
loirs] est une installation de grandes
dimensions, formée de deux couloirs
étroits se croisant et d'une salle centrale avec chaises et tables, le tout
éclairé de néons jaune et rouge. Cette
œuvre combine les notions récur-
rentes chez Nauman de passage et
d'équilibre dans l'espace par l'organisation des néons, le violent impact
de leurs couleurs, l'inversion et le
dédoublement des différents éléments.

Mike Kelley, Tony Oursler

1954, Los Angeles (États-Unis) et
1957, New York (États-Unis)

The Poetics Project, 1977-1997

Matériaux divers, 3 sculptures, 14 peintures,
11 bandes vidéo, couleur, son
Don de la Société des Amis du Mnam avec
le soutien de la Scaler Westbury Foundation
en 1999
AM 1999-148

En 1977, les plasticiens de la côte
Ouest américaine Tony Oursler et
Mike Kelley créent un groupe punk,
The Poetics. L'installation, exposée
pour la première fois en 1997, célèbre
les souvenirs de cette période à
partir de certaines œuvres datant de
cette époque et de nouvelles, venues
compléter l'ensemble. Projet de
recherche et installation multimédia,
The Poetics Project incorpore des peintures, des vidéos, des sculptures,
de la musique et des dessins, invitant
le visiteur à déambuler entre ses
différents éléments, à les regarder
comme on inspecte, à écouter comme
on épie. Bien que Kelley et Oursler
mènent séparément une carrière
originale, *The Poetics Project* est un
juste révélateur de leur environnement créatif.

Ilya Kabakov

1933, Dnepropetrovsk (ex-URSS)

Les Dix Personnages : L'Homme qui s'est envolé dans l'espace, 1981/1988

Matériaux divers
Dimensions approximatives :
280 x 610 x 244 cm
Achat en 1990
AM 1990-97

L'Homme qui s'est envolé dans l'espace fait partie d'une plus vaste pièce intitulée *Les Dix Personnages*, que Kabakov, artiste de l'Union soviétique a conçue, non sans humour, sur le modèle des appartements communautaires de l'ex-URSS. Cette installation ferait allusion à ceux qui s'ingénient à éloigner d'eux toute la charge du quotidien, à la manière des avant-gardes des années 1920. Tout en mettant en scène les archétypes du monde soviétique (la chapka, les affiches de propagande...), elle exprime le rêve d'évasion vers une autre réalité – à la manière d'une conquête spatiale. Néanmoins, Kabakov replace toujours l'idéologie au centre de son œuvre. Ici, un personnage fantomatique, victime de l'utopie, en reproduit le système.

Daniel Buren

1938, Boulogne-Billancourt (France)

Cabane n° 6 : les damiers, 1985

Structure en bois et tissu rayé
283 x 424,5 x 283 cm
Achat à l'artiste en 1990
AM 1990-87

Toute l'œuvre de Daniel Buren se lit
en bandes verticales de 8,7 cm, alter-
nées, blanches et de couleur, dont la
présentation est adaptée *in situ* par
l'artiste. À partir de ces rayures, il
met en valeur, affronte, souligne ou
contrarie la nature d'un lieu, d'un
support. Avec ce motif impersonnel,
Buren entend développer un travail
personnel. Il le fait évoluer par l'emploi de différents matériaux (papier,
tissu, verre, miroir, plastique…), et
passe du plan au volume.

Il a conçu la *Cabane éclatée n° 6*
par la superposition des plans de
deux maisons construites côte à côte
par Mies van der Rohe à Krefeld
(Allemagne), et a ainsi transposé
une maison dans l'autre. Les formes
découpées des *Cabanes*, projetées sur
les murs qui les entourent, forcent
le visiteur qui se place en leur centre
à considérer l'espace autour comme
une autre œuvre.

Les *Cabanes*, œuvres *in situ*, donc
par nature éphémères, sont toujours
photographiées pour en conserver
la mémoire.

Toni Grand ◥

1935, Gallargues-le-Montueux (France)

Double colonne, 1982

Bois et polyester stratifié
Chaque élément : 210 cm ; Ø : 80 cm
Achat en 1983
AM 1983-372

Issu du groupe Supports/Surfaces,
le sculpteur Toni Grand travaille
sur la qualité des matériaux et leur
symbolique. Ainsi, il a choisi de
composer une pièce hybride de
bois et de stratifié, matériau naturel
contre industriel, noble contre
ordinaire. Deux colonnes de double
nature conjuguent une forme trouvée
et une forme fabriquée. À l'extérieur,
ces colonnes présentent une double
face : rugueuse et lisse, parfaite
et imparfaite. L'intérieur est évidé
pour en rendre visible l'espace.
À la fois fragile et imposante,
la *Double colonne* conserve, comme
chaque œuvre de Grand, son
mystère.

Claude Viallat ◁

1936, Nîmes (France)

Hommage à Matisse, 1992

Acrylique sur toile
340 x 250 cm
Don de l'artiste en 1994
AM 1994-139

Peintre de l'empreinte, Claude Viallat imprime, dessine ou peint une forme d'osselet, qu'il répète sur toute la surface de la toile. Ce motif, repris d'une œuvre à l'autre, transforme chacune d'elles en l'image du processus créatif. Membre fondateur du groupe Supports/Surfaces, Viallat a abandonné les toiles tendues sur châssis, récupérant parfois des matériaux divers sur lesquels il peint ou qu'il assemble en sculptures.

Dans la série « Hommage à Matisse », il affirme la présence du maître dans son œuvre. Cette toile – de parasol –,

sous-titrée *Le Rideau jaune*, est une réinterprétation de l'œuvre éponyme peinte par Matisse en 1915. Les « osselets » sont encadrés des bords ondulés de la toile comme dans l'œuvre de référence les rideaux encadraient la fenêtre.

Jean Nouvel

1945, Fumel (France)

Opéra de Tokyo
Projet lauréat
du concours, 1986

En collaboration avec
É. Blamont, J.-M. Ibos,
P. Starck et M. Vitart
Non réalisé
Maquette
Plastique noir et or
55 x 122 x 90 cm
Achat en 1992
AM 1992-1-381

Jean Nouvel est le promoteur d'une architecture critique, qui remet en cause les modèles de pensée conventionnels en y intégrant les préoccupations de l'époque. Ses bâtiments et ses projets s'adaptent à leur environnement, allant jusqu'à le réorganiser et donnant une nouvelle cohérence au tissu urbain. La construction de l'Institut du monde arabe a permis à Nouvel d'acquérir une renommée internationale. Un an plus tôt, il proposait à Tokyo son projet d'opéra (non réalisé), un « monolithe noir », contre-forme d'un piano, évocation de la culture japonaise débarquée dans un univers de science-fiction. Ses trois salles suspendues et couvertes d'or semblent émerger des entrailles de ce massif écrin musical, prêt à se refermer sur lui-même.

Jean-Pierre Raynaud

1939, Courbevoie (France)

Container zéro, 1988

Acier, carrelage, éclairage ; 330 x 330 x 330 cm
Achat en 1988
AM 1988-2(1)

Cette œuvre, commande du Mnam-CCI, est un musée dans le musée. D'autres œuvres y sont exposées, de Jean-Pierre Raynaud lui-même (comme ici, *Drapeau*, 2000), ou d'artistes en relation avec son univers (*Croix [noire]* de Malevitch, 1915).

    Container zéro reprend le principe de la maison tout en carreaux de céramique blanche que Raynaud s'était fait construire en région parisienne, où il a vécu, qu'il a ouverte au public en 1974 et détruite en 1988. C'est l'espace d'avant l'œuvre, l'instant d'avant la naissance. Mais c'est aussi un lieu d'ascèse que la froideur clinique, l'éloignement et les angles morts sous la lumière nous rendent inaccessible. Inspiré par la philosophie de Malevitch, le monde de Raynaud est tourné vers l'introspection, la méditation.

Luigi Colani

1928, Berlin (Allemagne)

Moto de course, 1986

Polyester armé, 130 x 260 x 75 cm
Don de Strafor en 1992
AM 1992-1-413

Designer allemand, Luigi Colani est célébré dès ses débuts pour ses créations dans l'industrie automobile. À partir de 1968, il s'intéresse aux carrosseries de plastique et poursuit des études sur l'aérodynamique. Auteur de machines biomorphiques, tel un yacht ayant la forme d'une baleine, il crée pour Yamaha une moto aux allures de félin bondissant, un des derniers projets qu'il réalise au Japon, où il vécut de 1982 à 1986. Cet engin a battu un record du monde de vitesse en 1986 en atteignant 336 km/h. Le biodesign de Colani inspire jusqu'à aujourd'hui de nombreux designers et a transformé la vision de leur art.

Cindy Sherman

1941, Glenn Ridge (États-Unis)

Untitled, # 141, 1985

Épreuve couleur sur papier
184,2 x 122,8 cm
Achat en 1986
AM 1986-264

Toute l'œuvre de l'Américaine Cindy Sherman est issue d'une réflexion sur l'image et, notamment, sur les stéréotypes féminins véhiculés par le cinéma. Elle se photographie, calculant la mise en scène, se métamorphosant à chaque fois, interprétant un rôle, comme prisonnière d'un roman-photo sans texte. À partir de 1982, son travail prend une dimension plus spectaculaire, elle compose des images vivement colorées, dont le ou les personnages apparaissent handicapés, chargés de prothèses ou monstrueux. C'est le cas de *Untitled, # 141* où l'ambiance générale, les tons jaune et noir des vêtements ainsi que l'éclairage par le bas évoquent un personnage infernal.

Sophie Calle

1953, Paris (France)

Les Aveugles : Le beau j'en ai fait mon deuil, 1986

Épreuves aux sels d'argent, bois, métal
108 x 120 x 15 cm
Don de la Société des Amis du Mnam en 1992
AM 1992-368

Invitant des gens à vivre une expérience dont elle a préalablement défini les règles, Sophie Calle garde la trace de cette expérimentation grâce à des écrits, des photos, des enregistrements, des films… La présentation de ces témoignages n'est pas l'œuvre mais son relevé ; l'expérimentation ne forme l'œuvre complète qu'avec la trace qui en résulte. Ainsi, pour *Les Aveugles*, Sophie

Calle a demandé à des aveugles de naissance quelle était leur conception du beau : leur photo, leur réponse écrite et l'interprétation très distanciée qu'elle en donne sont ensuite exposées. Un homme a répondu qu'il avait fait son deuil du beau, et Calle a laissé vide l'étagère où elle aurait dû déposer l'image illustrant sa réponse.

Christian Boltanski

1944, Paris (France)

Les Archives de C.B. 1965-1988, 1989

Métal, photographies, lampes, fils électriques
270 x 693 x 35,5 cm
Achat en 1989
AM 1989-551

La production de Christian Boltanski se déroule comme le long fil d'une mémoire traumatisée. *Les Archives de C. B. 1965-1988* est une installation constituée de plus de 600 boîtes métalliques accumulées de 1965 à 1988 et censées conserver la vie de Boltanski, dans ses moindres détails,

grâce aux 1 200 photographies et 800 documents qu'elles contiennent. Ce mur, essentiel et dérisoire, sous un rang de projecteurs, est mis à l'abri dans le seul lieu saint du monde contemporain qui puisse assurer l'immortalité de son créateur : le musée. Pourtant, loin du regard de l'artiste et loin de celui du public, ces boîtes effacent, autant qu'elles les préservent, les traces de l'existence de Christian Boltanski.

Jean-Luc Godard
1930, Paris (France)

Histoire(s) du Cinéma I à VIII
Toutes les histoires, Une histoire seule,
Seul le cinéma, Fatale beauté, La Mon-
naie de l'Absolu, Une vague nouvelle,
Le Contrôle de l'univers, Les Signes
parmi nous, 1989/1996

Bande vidéo, noir et blanc et couleur, son
Durée : 51 min, 42 min, 26 min, 28 min,
26 min, 27 min, 27 min, 37 min
Achat en 2000
AM 2000-172(1 à 8)

Histoire(s) du Cinéma est une série
vidéo de huit épisodes au projet
ambitieux : faire se rencontrer les
histoires individuelles et l'Histoire.
Jean-Luc Godard propose ainsi
une confrontation entre ses propres
films et ceux qui font déjà partie de
l'histoire, par un montage de textes
et de photogrammes. Cette œuvre
est le lieu d'une mémoire toujours
en train de se faire, le *work in progress*
d'un historien du cinéma, lui-même
acteur de cette histoire. Cette entreprise unique porte en elle son propre
mythe. Et le visiteur du Musée peut
en faire pour partie l'expérience.

Louise Bourgeois

1911, Paris (France)

Precious Liquids, 1992

Matériaux divers
427 cm ; Ø : 442 cm
Achat en 1993
AM 1993-28

Entièrement centrée sur la vie de
son auteur, et en particulier sur son
enfance, l'œuvre de Louise Bourgeois
évoque avec force et parfois terreur
le conflit qui l'opposait à son père.
Pièce majeure, *Precious Liquids*
explore en les rassemblant tous les
thèmes chers à l'artiste. À l'extérieur
de cette installation en forme de
réservoir d'eau new-yorkais, une

simple phrase : « L'art est une garan-
tie de santé mentale. » À l'intérieur,
le visiteur découvre un petit lit de
fer recueillant une flaque d'eau et,
autour, des flacons de verre censés
être traversés par du sang, de l'urine,
du sperme, des larmes, ces précieux
liquides émis par le corps humain,
symboles de douleurs et de plaisirs.
Face au lit, un immense manteau
d'homme renferme en son sein une
robe d'enfant avec ces mots brodés
« Merci/Mercy », évocation bilingue
d'un sentiment de pitié et de reconnaissance pour la figure du père.

Gabriel Orozco

1962, Veracruz (Mexique)

Mesas de trabajo
[Tables de travail], 1990-2000

Techniques mixtes
Dimensions variables
Achat en 2001
AM 2001-91

Figure majeure de l'art aujourd'hui, Gabriel Orozco a une approche singulière de la sculpture, inspirée à la fois des matériaux et des problématiques de l'arte povera (Penone, Pistoletto) et des travaux processuels de Matta Clark et Serra.

Ces tables de travail composent un résumé d'une décennie de sa pratique sculpturale. Tout droits sortis de l'atelier de l'artiste, des maquettes, des dessins, des textes, des études d'œuvres – réalisées ou non –, des éléments hétéroclites et parfois singuliers (salive, dentifrice…), illustrent non seulement le processus créatif d'Orozco, mais aussi son vocabulaire formel et poétique. Elles mettent en valeur combien Orozco se passionne pour les relations étroites entre la sculpture et le monde quotidien.

Annette Messager

1943, Berck-sur-Mer (France)

Les Piques, 1992-1993

Piques, crayons, pastels sous verre, objets,
tissu, bas nylon
250 x 800 x 425 cm (variable selon l'espace)
Achat en 1994
AM 1994-85

Annette Messager revendique son
identité de femme, non pour épouser
tous les combats féministes, trop
réducteurs, mais pour critiquer la
notion même d'identité. Se sentant
plusieurs à la fois et refusant de
choisir une technique, elle s'est
emparée de l'attirail de l'univers
domestique pour saboter un monde
organisé par les mâles.

Dans *Les Piques*, des peluches,
des animaux empaillés et de mons-
trueuses chimères, dont certaines
sont taillées dans des bas de femmes,
sont empalés sur des aiguilles à
tricoter métamorphosées en piques
révolutionnaires. À mi-chemin entre
Perrault et Kafka, ce rituel macabre,
qui évoque les fêtes mexicaines,
Halloween ou la ferveur sanglante
de la Terreur, rappelle que les contes
de fées « sont terrifiants et cruels »
(A. Messager).

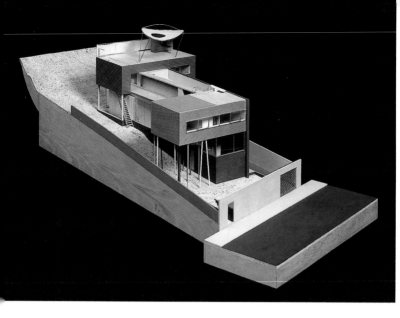

Rem Koolhaas

1944, Rotterdam (Pays-Bas)

Villa Dall'Ava, 1990-1991
Maquette
Plastique, bois, liège, papier et métal
41 x 120 x 55 cm
Achat en 1992
AM 1992-1-40

Rem Koolhaas a construit cette maison pour un couple avec un enfant, à Saint-Cloud. Située sur un terrain en pente, avec vue sur la tour Eiffel et le bois de Boulogne, elle s'intègre dans cette banlieue chic de Paris, au milieu de maisons bourgeoises et de pavillons.

On peut y déceler un ensemble de citations des grands moments de l'architecture privée du XXᵉ siècle : les pilotis, la façade et la rampe intérieure de la villa Savoye du Corbusier, la disposition des villas d'Eileen Gray, le traitement des verres et des rideaux par Mies van der Rohe ou la Glass House de Philip Johnson. La façade en bambou et la trame métallique sont, elles, une évocation de la Maison de verre de Pierre Chareau. Des références auxquelles Koolhaas a ajouté sa signature avec un toit-piscine et des poteaux inclinés comme des roseaux fragiles.

Toyo Ito ▼

1941, Séoul (Corée)

Médiathèque de Sendaï, Japon, 1996
Maquette au 1/100ᵉ
Plastique
42,8 x 117,9 x 78,9 cm
Achat en 2001
AM 2001-2-23

Philippe Starck ▲

1949, Paris (France)

Tournesol, 1991
Réverbère pivotant
Fonte, optique, 900 cm
Don de Jean-Claude Decaux en 1992
AM 1993-1-408

Star mondiale du design, Philippe Starck capte, réinterprète, remet en scène, transforme les archétypes de notre société de surconsommation.

Ce réverbère, commandé par une société de mobilier urbain, est articulé pour suivre la course de la lumière, à l'image du tournesol, son faisceau se posant sur la route la nuit afin de guider les automobilistes. Le matin, il ne reste plus de cette source de lumière organique mi-patte de crustacé, mi-épi de blé naissant qu'un mât élancé, pointu, disparaissant dans le paysage.

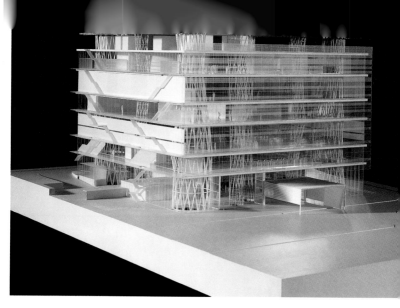

Né à Séoul et installé au Japon, Toyo Ito tend à effacer dans son architecture les limites entre l'intérieur et l'extérieur. Il met la technologie au service de la légèreté, voire de l'immatérialité de ses bâtiments. Ainsi, la médiathèque de Sendaï (Japon) semble se fondre dans le paysage tant sa structure invite la lumière et l'environnement tout entier à la pénétrer. Outre la transparence des façades, la modulation des plateaux des différents étages permet d'améliorer les échanges entre personnes et moyens de communication ; le minimalisme des colonnes porteuses – semblables à des arbres – laisse voir, quant à lui, le mouvement des gens entre les différents secteurs de la médiathèque. Ses utilisateurs sont alors, dit Ito, « un flux d'électrons dans un corps lié à la nature ».

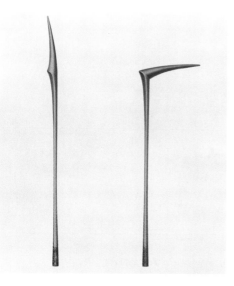

Ron Arad

1951, Tel-Aviv (Israël)

Fauteuil Rolling Volume, 1991

Tôle d'acier
inoxydable poli
80 x 85 x 95 cm ; 70 kg
Achat en 1992
AM 1992-1-291

Réalisé en tôle d'acier inoxydable, ce fauteuil à bascule, d'un seul volume, aux formes rondes, s'incline d'avant en arrière malgré son poids d'environ 70 kg. Fabriqué en série limitée, il prolonge les recherches menées par le designer israélien Ron Arad pour sa Big Easy Collection, en 1988. La découpe et les soudures polies créent des lignes comme dessinées à main levée, qui contrastent avec l'acier et la masse de l'objet.

Patrick Tosani

1954, Boissy-l'Aillerie (France)

Masque n° 6, 1998

Épreuve cibachrome
113 x 140 cm
Achat en 2000
AM 2000-24

Marc Newson

1963, Sydney (Australie)

Alufelt Chair, 1993

Aluminium poli. Face intérieure peinte
85 x 67 x 100 cm
Achat en 2001
AM 2001-1-153

Marc Newson est l'un des designers les plus remarquables de sa génération, recherché par les grands éditeurs d'objets dès le début des années 1990. Ancien étudiant en joaillerie, cet Australien se passionne pour l'alliance des textures et des matériaux, recherches qu'il concrétise dans ses créations biomorphiques. *Alufelt Chair* fait partie d'un ensemble de meubles, notamment une table et un fauteuil. Ce siège, sculptural plus que massif, invite le corps à l'épouser, le dossier se resserrant au niveau de l'assise, le galbe des bordures évoquant le volume d'un dos humain. Son aspect lisse et bicolore, ses pieds avant en forme de pétales dessinent aussi une orchidée, la gueule ouverte, la corolle offerte au ciel et à la terre.

Dans ses photographies, Patrick Tosani, architecte de formation, interroge l'échelle, la monumentalité et le rapport intérieur/extérieur. Plusieurs de ses séries jouent avec le volume et la forme d'une architecture idéale, qu'il s'agisse de la mise en scène de talons de chaussures, d'ongles rongés ou de vêtements jetés comme des enveloppes vides.

« Masques » est une série de photographies de pantalons amidonnés, qui ont conservé l'empreinte du corps, la prise de vue étant réalisée du dessus. Au lieu d'un vêtement, l'image d'un masque, enveloppe du visage, apparaît et désigne l'absence du corps.

Andréas Gursky

1955, Leipzig (ex-RDA)

99 c, 1999
Épreuve cibachrome, 220 x 420 cm
Achat en 2000
AM 2000-96

L'Allemand Andreas Gursky photographie l'homme pris au piège de
sa propre démesure. Perdu dans la
Bourse fourmilière de Chicago, les
étages d'une banque gratte-ciel de
Hongkong ou les jeux Olympiques
d'Albertville, le spectateur s'abîme
dans ces images statiques et pourtant
envahissantes et vertigineuses. Ici,
dans les rayons d'une solderie multi-
colore, c'est la masse des produits,
leur promiscuité, leur variété et,
malgré tout, leur uniformité, qui
suscitent l'attirance et l'effroi. Un
univers coloré duquel on croit ne
pouvoir se repaître et qui déjà nous
dégoûte. L'homme est partout, mais
presque indiscernable et dominé par
le monde qu'il a créé.

Pierre Huyghe

1962, Antony (France)

The Third Memory, 1999

3 bandes vidéo, couleur, son stéréo (anglais),
14 tirages numériques (60 x 80 cm) ; 2 salles
Achat-coproduction à Anna Sanders Films
en 1999
AM 1999-154

L'installation de Pierre Huyghe, *The Third Memory*, explore le travail de la mémoire entre médias, fiction et réalité. L'artiste y rassemble les archives de presse et un document filmé liés au hold-up qui eut lieu en 1973 à Brooklyn, et dont Sydney Lumet tira le film *Un après-midi de chien*. Dans une première salle, sont présentées des unes de journaux et une émission télévisée de l'époque. Dans la seconde, une double projection vidéo tournée par Huyghe montre le vrai protagoniste rejouant le hold-up, selon sa version des faits, contestant des scènes intercalées du film de Lumet mais aussi comblant les vides évidents de sa mémoire.

De la musique avant toute chose…

✦ Hors les murs, face à la fontaine
de la place Igor-Stravinsky

La musique devait être présente dans un Centre national d'art et de culture. C'est pourquoi, en 1969, Georges Pompidou décide de créer l'Institut de recherche et de coordination acoustique/musique, association à but non lucratif dont il confie alors la direction au compositeur et chef d'orchestre Pierre Boulez. L'Ircam, qui devient, dès ce moment-là – et le demeure aujourd'hui encore – un centre unique au monde, mène des recherches et développements dans des disciplines telles que l'informatique, la physique et l'acoustique appliquées à la création musicale.

Machinations, *Georges Aperghis,*
juin 2000

Un historique

- 1970   Le Président Georges Pompidou demande à Pierre Boulez de créer et de diriger un institut de recherche musicale associé au futur Centre national d'art contemporain.
- 1977-1978   Premières manifestations publiques de l'Ircam (Cycle de concerts « Passage du XXᵉ siècle ») et ouverture du bâtiment conçu par Renzo Piano.
- 1981   Mise au point du système 4X, dernier maillon de la série de processeurs de sons numériques développée depuis 1976. Création de la version initiale de *Répons*, première œuvre de Pierre Boulez réalisée à l'Ircam.
- 1983   L'Ircam en réseau informatique international, et sur l'Internet dès 1989.
- 1985   Premiers logiciels musicaux pour ordinateur personnel.
- 1989   Lancement du cursus d'informatique musicale.
- 1991   Mise au point de la Station d'informatique musicale, plate-forme de traitement audionumérique pour la recherche, la création et la production musicales.
- 1992   Première opération portes ouvertes.
Première académie d'été réunissant 120 musiciens de 24 pays.
- 1993   Création du Forum Ircam pour la diffusion des logiciels auprès de tous les musiciens.
- 1994   Création d'une voix de castrat pour le film *Farinelli*.
- 1996   Mise en place de la médiathèque.
- 1998   Première édition du festival Agora, manifestation pluridisciplinaire.
- 2000   À l'occasion de la réouverture du Centre, l'Ircam renoue avec la tradition d'interdisciplinarité en participant à l'exposition « Le Temps, vite ! ».

Ses missions

Parallèlement à cette mission de recherche, l'Ircam invite chaque année dans ses studios de nombreux compositeurs, réalisant ainsi 20 à 25 œuvres qui associent des interprètes classiques et de nouvelles technologies. Il propose aussi plusieurs programmes pédagogiques

réservés aux professionnels (différents cursus et une formation docto-
rale) ou, au contraire, ouverts à un
large public (conférences, débats).
Il offre enfin l'accès à une médiathèque dont le fonds important sur
la musique depuis l'après-guerre
croît régulièrement : les livres,
disques, vidéos, sites Internet et
même les partitions, tous facilement
consultables (en ligne ou sur place),
constituent une source d'information précieuse et efficace.

Une activité spécifique

L'Ircam reste pourtant la partie
du Centre que le public connaît le
moins bien. Avant tout, parce qu'il
se trouve hors les murs. À sa création, il était entièrement souterrain,
situé sous la fontaine de la place
Igor-Stravinsky, entre le Centre et
l'église Saint-Merri. Aujourd'hui,
il occupe également les bâtiments
voisins, à l'angle desquels se dresse
une tour de brique rouge conçue
en 1996 par Renzo Piano, rendant
l'ensemble plus visible.

Une importante partie des activités de l'Ircam concerne des secteurs
spécialisés et scientifiques. En effet,
cet Institut utilise ses compétences
à la mise au point de logiciels qui
viennent enrichir l'écriture du compositeur et suscitent des échanges
internationaux avec les grandes
universités ou les centres de
recherche. Par ailleurs, des partena-
riats se développent avec le monde
industriel afin de mener des études
acoustiques notamment en matière
de télécommunications et de transport automobile.

L'ouverture au public

C'est cependant grâce à ses
recherches très pointues que l'Ircam
a contribué à populariser la création
musicale sur ordinateur et à élargir
le champ des musiques électroniques omniprésentes aujourd'hui.
Sa volonté est de s'ouvrir davan-
tage à tous les publics. Dans cette

Les activités

• Concerts et spectacles (saison musicale
avec l'Ensemble Intercontemporain et
festival Agora).
• Rencontres, conférences, colloques :
› ateliers-concerts commentés ;
› séries de conférences thématiques :
musique et danse, musique et texte,
musique et perception, musique et
espace ;
› colloques.
• Ateliers d'informatique musicale pour
adultes et pour enfants.
• Stages destinés à différents publics
selon les thèmes et les compétences
techniques requises.
• Formations de longue durée : stage et
cursus de composition et d'informatique
musicale (sélection par un comité de lecture), DEA Atiam (Acoustique, Traitement
du signal et Informatique Appliqués à la
Musique).
• Médiathèque : 15 000 livres et revues
et plus de 8 000 partitions, 2 500 enregistrements issus des concerts, des
vidéos et des cédéroms musicaux. Consultable en ligne sur www.ircam.fr
• Forum : diffusion des logiciels d'informatique musicale de l'Ircam.

Une anecdote

Problème : la voiture électrique ne fait pas
de bruit. On ne l'entendrait pas venir
dans la rue… L'Ircam mène une mission
de conseil pour des groupes automobiles
afin de créer le bruit de la voiture électrique.

Le festival Agora

Organisé en juin, durant deux semaines,
cette manifestation permet de lier et de
confronter les créations musicale, chorégraphique et théâtrale. Les concerts et
les spectacles sont présentés dans
diverses salles de Paris et de la région
parisienne, notamment dans celles du
Centre Pompidou (en coproduction avec
la section Spectacles vivants du DDC).
Son succès toujours grandissant montre
combien le public attend des artistes
qu'ils dressent des passerelles entre les
disciplines pour que leurs œuvres se
répondent et ouvrent de nouveaux
champs de création.

Strumentale,
Olga De Soto

*Atelier
du Forum*

*Vue
extérieure
du bâtiment*

perspective, il propose des visites de l'Institut, des conférences et des débats, un accès libre et en ligne à la médiathèque, mais aussi des saisons musicales présentant les compositions réalisées en son sein, organisées à Paris et en tournée avec l'Ensemble Intercontemporain ou avec de nombreuses autres formations à l'étranger. Les plus grandes de ces tournées ont eu lieu à l'occasion de la présentation de *Répons*, de Pierre Boulez, à travers les États-Unis en 1986, à Moscou et Leningrad en 1990 et à Tokyo en 1995. L'Ircam s'est également associé à des productions lyriques d'envergure à Salzbourg, Bruxelles ou encore à l'Opéra de Paris.

De plus, depuis 1998, l'Ircam organise en juin son propre festival, Agora, qui associe la création musicale à d'autres disciplines artistiques (danse, théâtre ou cinéma). Et c'est dans ce même esprit de développement pluridisciplinaire que, depuis 1999, l'Institut compte en son sein un nouveau département de création chorégraphique.

L'Ircam se révèle ainsi un outil unique en son genre qui met la recherche fondamentale au service de la création musicale.

Les logiciels de l'Ircam

Ce sont des produits originaux, très puissants et plus ou moins spécialisés, qui n'ont aucun équivalent dans le commerce. Parmi ces logiciels :
- Audiosculpt permet de modifier visuellement un son ;
- Diphone Studio est dédié au morphing sonore ;
- Modalys est utilisé pour créer des instruments virtuels.

Le bouquet de ces trois produits coûte 275 euros pour un achat individuel (tarif 2002). Ils sont disponibles en ligne (www.ircam.fr/forum), par courrier électronique : admin-forum@ircam.fr), par courrier adressé à l'Ircam (Ircam-Relations extérieures, 1, pl. Igor-Stravinsky, 75004 Paris) ou directement à l'accueil de l'Institut.

Pour en savoir plus...

L'Ircam diffuse ses réalisations sous forme de livres et revues, de disques compacts et de cédéroms.

- Livres :

› *Lire l'Ircam*, 1996, numéro spécial des *Cahiers de l'Ircam*, publié à l'occasion de l'inauguration des nouveaux bâtiments pédagogiques et de la médiathèque, 184 p., 30,49 euros.
› *L'Écoute*, textes réunis par Peter Szendy, 2000, coéd. Ircam-Centre Pompidou/l'Harmattan, 320p., 24,39 euros.

- Disque compact :

› *Ircam, les années 90*, 1998, triple CD avec une présentation audio des activités de l'Institut et des extraits d'œuvres musicales créées à l'Ircam, 15,24 euros.

- Cédéroms :

› *Visite de l'Ircam*, 1997, en français et en anglais avec une présentation animée des activités de l'Ircam, 22,87 euros.
› *10 Jeux d'écoute*, 2000, éd. Hyptique, à partir d'ateliers réalisés par le département pédagogie de l'Ircam, 10 jeux permettent à tous les publics de se familiariser avec le son, de le nommer, de le transformer, de le classer, 38,11 euros.

🖥 www.ircam.fr

Le site de l'Ircam comprend une présentation très détaillée de l'Institut (organisation, missions, réalisations, boutique en ligne…) et un accès au catalogue et à une partie du fonds de la médiathèque.

ℹ

- Adresse
1, place Igor-Stravinsky, 75004 Paris

- Horaires
Réception et vente au public des livres, revues, disques et cédéroms de l'Ircam : du lundi au vendredi, de 10 h à 18 h.

- Accueil téléphonique
› Ircam : 01 44 78 48 43
› Médiathèque : 01 44 78 47 44

- Site Internet : www.ircam.fr

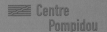

Votre visite au Centre Pompidou

Si vous avez deux heures

C'est un minimum pour profiter de quelques-unes des ressources du Centre. Mais, ne vous y trompez pas, le Centre Pompidou est une grande machine qui mérite beaucoup plus que 120 minutes de votre attention !

Vous pouvez choisir entre :

· visiter le Musée national d'art moderne seul ou guidé par un conférencier (voir chapitre « De A à V, pratiques du Centre »), puis vous détendre quelques instants sur les terrasses du Musée ;
· visiter l'exposition temporaire organisée au niveau 1 (galerie Sud) ;
· visiter une exposition temporaire au niveau 6, puis admirer le panorama sur le sud, l'ouest et le nord de Paris ;
· visiter l'Institut de recherche et de coordination acoustique/ musique (le jeudi matin sur rendez-vous) ;
· visiter la Bibliothèque publique d'information ou y mener cette recherche que vous vous promettez toujours de faire quand vous aurez du temps…
· participer à une « Visite active au Musée » le dimanche en famille (pour adultes et enfants à partir de 5 ans) ;
· assister, selon les jours, à une conférence du « Collège du Centre », (grande salle, niveau −1 et cinéma 1, niveau 1) ou à « Un dimanche, une œuvre » (petite salle, niveau −1) ;
· selon la programmation, voir un film ou en soirée un spectacle.

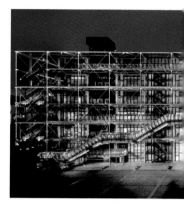

Si vous avez un après-midi

Vous devenez raisonnable ! Vous pouvez maintenant prendre le temps de suivre un programme de différentes activités :

Menu 1 : la visite complète
· visite libre du « Carrefour de la création »,
· Musée ou expositions,
· BPI,
· Ircam (pour un jeudi matin).

Menu 2 : le Musée et les expositions
· Musée,
· expositions,
· atelier Brancusi,
· Galerie des enfants.
⚠ *Il existe un billet « Un jour au Centre » spécifique à ce menu.*

Menu 3 : un après-midi studieux
BPI : découverte, recherche, auto-formation, écoute de disques ou projection de films…

Menu 4 : étude et shopping
· conférence ou cinéma selon la programmation,

niveau 1, ou cafétéria Kiosque : BPI, niveau 2 ;
· détente et shopping (librairie et boutique Design) ;
· visite des collections du Musée (niveaux 4 et 5) ;
· selon la programmation, un spectacle (concert, danse…) au niveau –1 du Forum ou un film (niveau 1 ou – 1) ;
· dîner (ou déjeuner) au restaurant Georges, avec terrasse panoramique, niveau 6.

⚠ *Si vous avez des enfants, pensez aux activités spécifiquemet conçues pour eux : atelier éducatif ou découverte du Musée à la Galerie des enfants (le mercredi et le samedi).*

· achats à la librairie et/ou à la boutique Design,
· vous avez encore envie de profiter du Centre : allez visiter l'exposition temporaire au niveau 1 (galerie Sud). Elles sont en général plus petites que celles du niveau 6. Autre possibilité : allez feuilleter quelques livres à la BPI.

Vous ne pouvez pas venir au Centre

· Le site www.centrepompidou.fr vous permet une approche virtuelle des collections du Musée et une consultation du catalogue de la Bibliothèque et de celui de l'Ircam.
· Le cédérom *La Collection du Centre Georges Pompidou*, éd. Centre Pompidou/Infogrames, Paris, 1997 propose une visite virtuelle du Musée national d'art moderne.

Vous avez une journée entière

Le grand jeu ! Reprenez toutes les activités de la section « vous avez deux heures » et combinez-en quelques-unes pour vous concocter un programme sympathique. Mais attention, ne transformez pas cette visite du Centre en marathon : si vous y prenez goût, vous y reviendrez forcément !

Une journée type peut être :
· visite de l'Ircam ;
· découverte de la BPI ;
· visite d'une exposition au niveau 1 ou au niveau 6 ;
· un café ? un sandwich ?
Café Mezzanine, dans le Forum,

Pratiques du Centre Pompidou

Entrée par la place Georges-Pompidou, 75004 Paris, à 100 m du boulevard Sébastopol.

Accès
• Métro Rambuteau (ligne 11), Hôtel de Ville (lignes 1 et 11), Châtelet (lignes 1, 4, 11 et 14).
• RER Châtelet/les Halles (ligne A, B et D).
• Autobus 21, 29 38, 47, 58, 69, 70, 72, 74, 75, 76, 81, 85, 96.
• Parking : accès par le souterrain des Halles et par la rue Beaubourg (angle rue Rambuteau).
• Visiteurs handicapés moteurs, mentaux, sourds et aveugles : voir « Visiteurs handicapés ».

Accueil téléphonique
• Général : 01 44 78 12 33, serveur vocal au même numéro à partir de 19 h 30 et les dimanche et jours fériés.
• Publics handicapés : 01 44 78 49 54 ; handicap@cnac-gp.fr ; public sourd, Minitel dialogue : 01 44 78 14 37.
• BPI : accueil téléphonique au 01 44 78 12 75, de 10 h à 22 h en semaine (sauf le mardi), de 11 h à 22 h le week-end.
• Ircam : 01 44 78 48 43 ; médiathèque : 01 44 78 47 44.

Ateliers
(voir aussi « Enfants »)
• Ircam :
› ateliers d'informatique musicale pour adultes,
› ateliers-concerts commentés.
• BPI :
› séances d'initiation aux outils de recherche,
› cycles de rencontres, débats, ateliers de lecture.

Audioguides
• Expositions : en français, anglais, italien, disponibles dans certaines expositions.

Location à l'entrée des expositions.
• Musée : en français, anglais, italien, allemand et espagnol. Location à l'entrée du Musée.

Bibliothèques
• Bibliothèque publique d'information (niveau 1, dans le Forum, à gauche sur la mezzanine).
• Documentation du Musée national d'art moderne (niveau 3) : elle rend compte de la création artistique au XXe siècle dans les arts plastiques, le design, l'architecture, le cinéma expérimental, la photographie et la vidéo.
• Médiathèque de l'Ircam (place Igor-Stravinsky) : 15 000 livres et revues et plus de 8 000 partitions, 2 500 enregistrements issus des concerts, des vidéos et des cédéroms musicaux. Consultable en ligne sur www.ircam.fr

Billets d'entrée et tarifs
• Billetterie, dans le Forum, niveau 0.
• Caisses automatiques (tarifs pleins uniquement, paiement par cartes bancaires) dans le Forum, niveau 0, et au niveau 6.
• Un jour au Centre : accès le jour même à toutes les expositions, au Musée, à l'atelier Brancusi, à la Galerie des enfants.

• Musée national d'art moderne/atelier Brancusi : le billet donne aussi accès à la Galerie des enfants, mais non aux expositions temporaires.
• Expositions :
› les tarifs varient selon les expositions, se renseigner à la caisse ;
› le billet donne aussi accès au Musée, à l'atelier Brancusi et à la Galerie des enfants.
• Les débats et conférences sont pour la plupart en accès libre.
• Tarifs réduits, se renseigner au bureau d'informations, dans le Forum, niveau 0.
• Gratuité :
› Forum et Bibliothèque ;
› le Musée pour les moins de 18 ans, les porteurs du Laissez-passer et les demandeurs d'emploi, et pour tous, le premier dimanche de chaque mois ;
› les expositions pour les moins de 13 ans, les porteurs du Laissez-passer et les demandeurs d'emploi.
• Cinémas et spectacles : se renseigner au bureau d'informations, dans le Forum, niveau 0.
› Achat billets spectacles, mise en vente 14 jours à l'avance, à la billetterie du Centre.
› Réservation et mise en vente pour certains spectacles et expositions : 30 jours à l'avance sur www.fnac.com,

L'escalator, de nuit.

*Espace
Autoformation
à la BPI (détail)*

*Atelier du
Forum de
l'Ircam (détail).*

dans les magasins Fnac et Carrefour et par le réseau France-Billet : spectacles au 0892 683 622, expositions au 0892 684 694.

⚠ *L'accès au point de vue panoramique (niveau 6) n'est possible que sur présentation d'un titre d'accès au Musée ou aux expositions.*

Boutique Design
En accès libre, dans le Forum, niveau 1 (par l'escalator à gauche, l'escalier ou l'ascenseur au fond du Forum derrière la fosse).
Ensemble d'articles de designers, dont plusieurs sont représentés dans les collections du Centre.

Brochures et programmes
Elles permettent de connaître en détail la programmation du Centre Pompidou. Elles sont disponibles au bureau d'informations, dans le Forum, niveau 0, et selon leur spécialité aux bureaux d'accueil de la BPI, du Musée, de l'Ircam.

Cafés et restaurant
• Café Mezzanine, dans le Forum, niveau 1.
• Cafétéria Kiosque, Bibliothèque, niveau 2.
• Restaurant Georges, avec terrasse panoramique, niveau 6, réservation au 01 44 78 47 99 (accès par l'extérieur, sur la place Georges-Pompidou, ascenseur réservé).

Cinéma
• Dans le Forum :
› niveau −1, salle de cinéma 2 (150 places, accès : voir « Spectacles vivants ») ;
› niveau 0, salle de cinéma 1 (320 places, accès : voir « Bibliothèques »).

• Film documentaire le mercredi à 12 h 30 et 20 h.
• Film pour les enfants le mercredi à 14 h 30.
⚠ *Informations sur la programmation au 01 44 78 44 49 et en ligne sur www.bpi.fr*
• Cinéma du réel : voir « Festivals ».

Circulation dans le Centre Pompidou
• Quelle entrée dois-je emprunter ?
› Il y a habituellement une seule entrée principale, sur la place Georges-Pompidou.
› Une deuxième entrée est ouverte rue du Renard, les week-end, jours fériés et en cas de plan Vigipirate. Elle est exclusivement réservée aux lecteurs de la BPI.
• Dans le Forum, où mène :
› l'escalator de gauche ? À la mezzanine (niveau 1) : chenille d'escalators et ascenseurs conduisant aux niveaux supérieurs, boutique Design, BPI et salle de cinéma 1 ;
› l'escalator de droite ? À la mezzanine (niveau 1) : café et galerie d'exposition Sud ;
› les escaliers au fond, derrière la fosse ? Ils desservent la mezzanine (niveau 1), en particulier la BPI, la salle de cinéma 1 et la boutique Design ;
› l'escalier à côté de la fosse ? Au niveau −1 (foyer, grande salle, petite salle, studio) ;
› les ascenseurs au fond, derrière la fosse ? Ils desservent la mezzanine et le niveau −1.
• Où mène la chenille d'escalators et les ascenseurs sur la façade du Centre (accès réservé aux détenteurs d'un billet pour le Musée ou une exposition) ?
› à la Documentation du Musée (niveau 3) ;

› au Musée national d'art moderne-Centre de création industrielle ;
› au niveau 6 : expositions, vue panoramique, restaurant Georges.

Concerts et spectacles
• Dans le Forum, niveau −1 :
› la grande salle (440 places, danse, théâtre, musique),
› la petite salle (160 places, conférences).
• Ircam, place Igor-Stravinsky.

Conférences
• Revues parlées : réflexion thématique dans les différents champs de la création.
• Forums de société : ils portent sur l'actualité culturelle, l'audiovisuel et les nouveaux médias, ou sont conçus en relation avec les expositions programmées au Centre.
• « Le Collège du Centre » : grande salle, niveau −1, et cinéma 1, niveau 1. Tarif à vérifier, gratuit avec le Laissez-passer.
• « Un dimanche, une œuvre » (pour adultes) : petite salle, niveau −1. Tarif à vérifier, gratuit avec le Laissez-passer.
• Musée :
› « Face aux œuvres » : ces cycles permettent de découvrir, à partir de la collection

Forfait Un jour au Centre.

Dans le Forum, la signalétique.

Les couleurs du Centre.

du Musée, la singularité de la création du XXᵉ siècle (jeudi et samedi) ;
› « Les rendez-vous du Musée » : une approche approfondie et originale des collections du Musée autour d'un thème (lundi et vendredi) ;
› « Rencontres avec… » : régulièrement, un créateur intervient au Musée ou dans une exposition pour y rencontrer le public autour de son œuvre.
⚠ *Programmes et tarifs dans les brochures du Centre ou sur le site www.centrepompidou.fr Accès prioritaire sur la place Georges-Pompidou par la file « Visites commentées/Conférences ».*
• BPI : colloques de dimension internationale sur des thèmes en rapport avec l'écrit et le livre.
• Ircam : colloques et séries de conférences thématiques tels que musique et danse, musique et texte, musique et perception, musique et espace.

Distributeur bancaire
Dans le Forum, niveau 0.

Enfants
• Galerie des enfants :
› Exposition : tous les jours, sauf le mardi, de 11 h 30 à 14 h et de 16 h à 19 h. Gratuit jusqu'à 18 ans et sur présentation du Laissez-passer ou du billet Musée.
› Ateliers (pour les 6-12 ans) : les mercredi, samedi et pendant les vacances scolaires ; le dimanche en famille (pour adultes et enfants à partir de 5 ans).
• Activités spécifiques :
› « De l'atelier au Musée » (pour les 6-12 ans) : cycle de trois mercredis ou séance unique le samedi.

› Ateliers « Danse et arts plastiques » (pour les 6-12 ans) et « Arts plastiques et technologies » (pour les 9-12 ans) : cycles de trois mercredis.
› « Les visites actives au Musée » (pour les 6-12 ans) : le mercredi ; le dimanche en famille (pour adultes et enfants à partir de 5 ans).
• Inscriptions et réservations :
› visiteurs individuels, inscription pour tous les ateliers et « Les visites actives au Musée » : tous les jours (sauf mardi et dimanche) au 01 44 78 49 13 ;
› groupes scolaires, inscription obligatoire pour des visites du Centre, du Musée et des expositions avec conférencier ou animateur :
- collèges et lycées :
visite du Musée : 01 44 78 40 54 ;
visite des expositions et du Centre : 01 44 78 12 57.
- écoles maternelles et centres de loisirs :
visite du Centre, du Musée et ateliers : 01 44 78 49 17 ;
visite des expositions : 01 44 78 12 57.
⚠ *Programmes et tarifs dans les brochures du Centre ou sur le site www.centrepompidou.fr Accès prioritaire sur la place Georges-Pompidou par la file « Visites commentées/Conférences ».*
• Ircam : ateliers d'informatique musicale pour scolaires, sur inscription au 01 44 78 48 23.

Expositions
• Niveau 1, à droite sur la mezzanine : galerie Sud.
• Niveau −1, dans le foyer (expositions courtes souvent liées à la programmation des spectacles vivants).
• Niveau 4 : galerie du Musée (expositions tempo-

raires valorisant la politique d'acquisition du Mnam, rendant hommage aux donateurs ou présentant des dossiers autour d'ensembles d'œuvres) et galerie d'art graphique.
• Niveau 6 : galerie 1 et galerie 2.

Festivals
• Agora : organisé en juin, durant deux semaines, ce festival permet de lier les créations musicale, chorégraphique et théâtrale.
• Cinéma du réel : festival consacré au film documentaire et organisé chaque printemps.
• Vidéodanse : festival annuel offrant au public la possibilité de visionner d'exceptionnels films d'archives et de découvrir des créations de chorégraphes pensées spécifiquement pour la vidéo.
⚠ *Les détails de programmation de chaque festival sont indiqués dans les dépliants du Centre et en ligne sur www.centrepompidou.fr*

Formation et Stages
• L'Ircam propose :
› des stages destinés à différents publics selon les thèmes et les compétences techniques requises ;
› des formations de longue durée : du stage au cursus de composition et d'informatique musicale (sélection par un comité de lecture), DEA Atiam (Acoustique, Traitement du signal et Informatique Appliqués à la Musique) ;
› Contact : Ircam, service pédagogie, 1 pl. Igor-Stravinsky, 75004 Paris, tél. 01 44 78 48 23, fax 01 44 78 15 60, info-pedagogie@ircam.fr

La DAEP propose :
des stages de formation pour enseignants, bibliothécaires et personnels des services éducatifs ;
des stages supplémentaires en région et à l'étranger ;
Contact : DAEP, service de l'action éducative, 75191 Paris Cedex 04, tél. 01 44 78 43 16 (lundi et mardi), fax 01 44 78 13 04.

Groupes (à partir de 10 personnes, réservation obligatoire)
BPI : des groupes de visiteurs peuvent être reçus le matin en prenant rendez-vous au 01 44 78 43 45.
Réservation pour le Musée :
visite avec conférencier du Centre Pompidou, tél. 01 44 78 40 54 ;
visite libre, tél. 01 44 78 42 11.
Réservation pour les expositions :
visite avec conférencier du Centre Pompidou, tél. 01 44 78 12 57 ;
visite libre, tél. 01 44 78 46 25.

Horaires d'ouverture
Tous les jours (sauf mardi et 1er mai) 11 h-22 h.
Musée et expositions :
11 h-21 h, caisses ouvertes jusqu'à 20 h, fermeture des salles à 20 h 45.
Grandes expositions du niveau 6 : mêmes horaires que le Musée et nocturne le jeudi jusqu'à 23 h (caisses ouvertes jusqu'à 22 h).
Atelier Brancusi : 13 h-19 h.
BPI : 12 h-22 h en semaine, 11 h-22 h samedi, dimanche et jours fériés.
Ircam : visites le jeudi sur rendez-vous.

Internet
1) www.centrepompidou.fr
Créé dès 1995, le site Internet du Centre Pompidou a été entièrement repensé à l'occasion des travaux de rénovation.
• Un Agenda couvre l'actualité de la programmation et des activités du Centre.
• Il offre la possibilité de s'abonner à une lettre de diffusion des activités.
• La rubrique Événements présente toutes les activités ponctuelles du Centre.
• Les Expositions sont développées sous forme de parcours virtuels.
• La section Musée intègre l'accrochage, présente les nouvelles acquisitions et offre une chronique pédagogique de l'art du XXe siècle.
• Netart propose des expositions virtuelles d'œuvres conçues pour Internet et des commandes établies en collaboration avec des institutions internationales.
• Une partie Documentation est destinée aux chercheurs : catalogues d'expositions, fonds d'archives…
• Le catalogue des Éditions est intégralement en ligne.
2) www.newmedia-arts.org
Encyclopédie Nouveaux Médias, premier catalogue des nouveaux médias réalisé à l'échelle européenne en français, anglais et allemand.
3) www.bpi.fr
Le site Internet de la BPI comprend le catalogue de la bibliothèque et de très nombreux outils et services (voir le chapitre sur La Bibliothèque Publique d'Information)
4) www.ircam.fr
Le site de l'Ircam comprend une présentation très détaillée de l'Institut (organisation, missions, réalisations, boutique en ligne…) et un accès au catalogue et à une partie du fonds de la médiathèque.

Ircam (Institut de recherche et de coordination acoustique/musique)
Situé à l'extérieur du Centre, après avoir remonté la place Georges-Pompidou, à gauche, à côté de la fontaine de Tinguely et Saint-Phalle sur la place Igor-Stravinsky.

Laissez-passer
• Carte annuelle (de date à date) donnant droit à une entrée permanente et gratuite au Musée, aux expositions et aux cinémas (hors festivals), à des tarifs réduits pour les spectacles et à de nombreux autres avantages.
• Entrée prioritaire par l'accès principal, place Georges-Pompidou.
• Envoi à domicile du programme bimestriel du Centre Pompidou.
• Différentes formules tarifaires possibles.
• Informations et vente :
› espace Laissez-passer, niveau 0, de 13 h à 19 h, sauf les mardi, dimanche, 1er mai et jours fériés ;
› par téléphone au 01 44 78 14 63, du lundi au vendredi, de 9 h à 18 h.

Librairies
• Dans le Forum, niveau 0 (à droite).
• Au Musée, niveau 4.
• À l'étage des grandes expositions, niveau 6.

Poste
Dans le Forum, niveau 0.

Renseignements dans le Centre Pompidou
• Informations générales : dans le Forum, niveau 0.

Atelier des enfants, autour de Dubuffet.

L'Ircam, vue du bâtiment depuis la fontaine Stravinsky.

Journées Portes Ouvertes à l'Ircam.

*Visite guidée
pour les aveugles.*

(différentes brochures disponibles).
• Musée : niveau 4.
• BPI : niveau 1 de la Bibliothèque et à distance, BPI-infos, service d'informations rapides, joignable par courrier (BPI-Info – 75197 Paris Cedex 04), par courrier électronique (bpi-info@bpi.fr) ou par fax (01 44 78 45 10).
• Ircam : accueil de l'Ircam, place Igor-Stravinsky.
• Spectacles vivants : au bureau d'informations générales, dans le Forum, niveau 0.

Téléphones
• Dans le Forum, niveau 0.
• À la BPI, dans le kiosque, niveau 2.
• À l'entrée du Musée, niveau 4.
• Au niveau 6, à côté de la librairie.

Toilettes
• Dans le Forum, niveau 0.
• À la Bibliothèque publique d'information, niveau 2.
• Dans le Musée, niveaux 4 et 5.
• Au niveau 6.

Vestiaire
Dans le Forum, niveau 0.

Visites guidées
(voir aussi « Conférences »)
• BPI : promenades littéraires à travers les quartiers de Paris qui ont inspiré des écrivains. Informations au 01 44 78 44 49 et en ligne sur www.bpi.fr

• Expositions :
› visites commentées régulières (tout public), se renseigner au bureau d'informations, sur le site Internet du Centre Pompidou ou dans ses brochures ;
› groupes sur réservation au 01 44 78 12 57.
• Ircam : visites le jeudi matin sur rendez-vous, réservation au 01 44 78 48 43.
• Musée national d'art moderne : visites commentées régulières (tout public), groupes sur réservation au 01 44 78 40 54.
Programme et tarifs dans le programme bimestriel du Centre ou sur le site www.centrepompidou.fr
• « Promenades urbaines », le samedi ou le dimanche, en compagnie d'architectes ou d'universitaires. Inscription obligatoire à l'Institut français d'architecture au 01 46 33 84 41.

Visiteurs handicapés
• Accueil aveugles et handicapés moteurs : renseignements au 01 44 78 49 54, entrée par la rue du Renard, angle rue Saint-Merri. Des emplacements sont réservés aux niveaux –2 et –3 du parc auto payant (entrée rue Rambuteau et rue des Halles). Sortie par ascenseur, rue Saint-Martin, en haut de la place Georges-Pompidou.
• Borne d'informations multimédia en mode tactile, visuel et sonore (Forum, niveau 0) : pour comprendre

la structure du Centre et se renseigner sur ses activités.
• Visiteurs handicapés moteurs ou à mobilité réduite : toutes les activités et animations programmées dans les espaces du Centre sont accessibles.
• Visites découvertes du Centre pour les déficients visuels ou auditifs : le samedi, sur inscription au 01 44 78 49 54 ou sur handicap@cnac-gp.fr, et aussi pour les personnes sourdes : fax 01 44 78 16 73, Minitel dialogue 01 44 78 14 37.
• Musée : visites en langue des signes pour les personnes sourdes, parcours tactile ou visite orale pour les visiteurs aveugles et malvoyants, animations dans les collections pour les visiteurs handicapés mentaux. Informations et inscriptions au 01 44 78 49 54, handicap@cnac-gp.fr. Pour les personnes sourdes : fax 01 44 78 16 73, Minitel dialogue : 01 44 78 14 37.
• BPI : Aveugles et malvoyants : rendez-vous à l'accueil de la BPI et par téléphone au 01 44 78 12 75 ; des bénévoles (sur rendez-vous) ainsi que des matériels adaptés sont disponibles pour la lecture et l'aide à la recherche.

Index des artistes de l'Album

Crédits photographiques

Photos CNAC / MNAM Distribution RMN, Paris. Photographes : Jacqueline Hyde, Jacques Faujour, Georges Méguerditchian, Jean-Claude Planchet, Adam Rzepka : pp. 34-144.
Documentation Centre Pompidou, Paris. Photos G. Méguerditchian, couvertures et pp. 4, 6, 9, 10 (milieu), 11, 14, 17 (haut), 19 (haut), 20, 22, 28, 30, 32, 152-3, 154, 156 (gauche).
Documentation Centre Pompidou, Paris.

Photo Bernard Vincent, p. 10 (haut).
Photo Nicolas Borel, Paris, p. 10 (bas).
Photo D. R., p. 17 (bas).
Documentation DAEP. Centre Georges Pompidou, Paris. Photos Élisabeth Amzallag-Augé, pp. 19 (milieu), 19 (bas).
Photothèque BPI. Centre Georges Pompidou, Paris. pp. 24, 26, 155 (gauche).
Ircam. Centre Pompidou, Paris. Photos Nabil Boutros, pp. 146-7, 149 (milieu), 155 (droite).

Documentation Centre Pompidou, Paris. Photo Jean-Claude Planchet, p. 149 (haut).
Ircam. Centre Pompidou, Paris. Photo Myr Muratet, pp. 149 (bas), 157 (droite).
Documentation DAEP. Centre Georges Pompidou, Paris. Photo Max-Henri de Larminat, p. 157 (gauche).
Ircam. Centre Pompidou, Paris. Photo Jacques Dufour, p. 158 (gauche).
Photo Georges Coupigny, Paris, p. 158 (droite).